NATIONAL QUALIFICAT

Credit
FRENCH

The National Qualifications Examination Paper and the
Scottish Certificate of Education Examination Papers
are reprinted by special permission of
THE SCOTTISH QUALIFICATIONS AUTHORITY

ISBN 0 7169 9333 3
© *Robert Gibson & Sons, Glasgow, Ltd., 2000*

The publishers have wherever possible acknowledged the source of copyright material. They regret any inadvertent omission and will be pleased to make the necessary acknowledgement in future printings.

ROBERT GIBSON · Publisher
17 Fitzroy Place, Glasgow, G3 7SF.

CONTENTS

2000 General Level — Reading	3
2000 General Level — Listening Transcript	11
2000 General Level — Listening	14
2000 General Level — (Additional) Writing	19
1995 Credit Level — Reading	23
1995 Credit Level — Listening Transcript	27
1995 Credit Level — Listening	30
1995 Credit Level — (Optional Paper) Writing	33
1996 Credit Level — Reading	34
1996 Credit Level — Listening Transcript	40
1996 Credit Level — Listening	43
1996 Credit Level — (Optional Paper) Writing	45
1997 Credit Level — Reading	46
1997 Credit Level — Listening Transcript	50
1997 Credit Level — Listening	53
1997 Credit Level — (Optional Paper) Writing	55
1998 Credit Level — Reading	57
1998 Credit Level — Listening Transcript	61
1998 Credit Level — Listening	64
1998 Credit Level — (Optional Paper) Writing	67
1999 Credit Level — Reading	70
1999 Credit Level — Listening Transcript	73
1999 Credit Level — Listening	76
1999 Credit Level — (Optional Paper) Writing	79
2000 Credit Level — Reading	82
2000 Credit Level — Listening Transcript	87
2000 Credit Level — Listening	91
2000 Credit Level — (Additional) Writing	93

COPYING PROHIBITED

Note: This publication is **NOT** licensed for copying under the Copyright Licensing Agency's Scheme, to which Robert Gibson & Sons are not party.

All rights reserved. No part of this publication may be reproduced; stored in a retrieval system; or transmitted in any form or by any means — electronic, mechanical, photocopying, or otherwise — without prior permission of the publisher Robert Gibson & Sons, Ltd., 17 Fitzroy Place, Glasgow, G3 7SF.

NATIONAL QUALIFICATIONS
2000

FRIDAY, 19 MAY
G/C 9.20 AM –10.05 AM
F/G 10.05 AM –10.50 AM

FRENCH
STANDARD GRADE
General Level
Reading

When you are told to do so, open your paper and write your answers **in English** in the spaces provided.

You may use a French dictionary.

Before leaving the examination room you must give this book to the invigilator. If you do not, you may lose all the marks for this paper.

1. You're staying with your pen friend Pascal. One day, while you're waiting for him to come home, you look through a magazine which is lying on the table.

Your attention is drawn by this article.

Le cigare le plus long

M. Felipe Mendoza a créé le cigare le plus long du monde. Il mesure 3,40 mètres de long. M. Mendoza a travaillé pendant 50 ans dans une fabrique de cigares, donc c'est un expert.

(a) What is special about the cigar which Mr Mendoza has made?   1

_____

(b) What makes him an expert?   1

_____

2. You then read an article about Grandmother's Day.

Le premier mars, pensez à votre grand'mère. Ça, c'est la fête de toutes les grand'mères:

Vous pouvez . . .
. . . lui faire un joli cadeau ou un dessin.
. . . lui envoyer une carte postale ou des fleurs.
. . . aller la voir pour parler avec elle et pour lui faire de grosses bises.

What could you do to make Grandmother's Day special? Mention **one** thing in each box.

make . . .	for her
send her . . .	
visit her and . . .	

3. There is a short poem in the magazine.

Poème

Pensez aux enfants qui ont faim
Pensez aux enfants qui travaillent dans les champs
Pensez aux enfants qui sont malades
Pensez aux enfants qui n'ont pas de domicile
Pensez à tous ces enfants.

This poem is about some of the problems children have throughout the world. Which problems are mentioned in the poem? Tick (✓) **three** boxes.

Children who . . .

are orphans	
are hungry	
don't go to school	
are ill	
are homeless	
work in factories	

4. The magazine has some articles on young people from other countries.

Abdullah

Bonjour. Je m'appelle Abdullah Ismail. J'ai huit ans. Je suis né à Penang (au nord de la Malaisie) et je suis Malais. Je suis fier et heureux. J'adore les gâteaux très sucrés, le poulet et le riz très épicé. Je bois surtout des jus de fruits, parce qu'ici ils sont très bons et naturels. J'adore l'équitation et je rêve de faire du ski. Un jour, je voudrais voyager aux Etats-Unis. Au revoir!

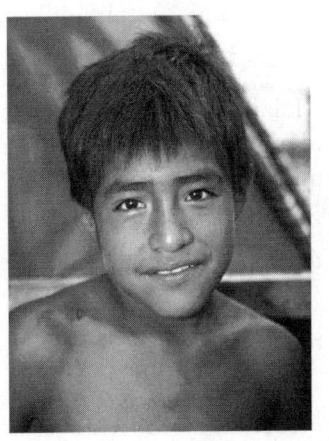

Are the following statements about Abdullah TRUE or FALSE?
Write T or F in the boxes below.

He is unhappy.	
He doesn't like sweet things.	
He likes spicy rice.	
He loves swimming.	
He would like to go to the United States.	

5. On the next page Abdullah talks about some customs in his country, Malaysia.

La Malaisie

En Malaisie, les étrangers sont toujours considérés comme des invités. Mais voici quelques règles essentielles pour quand vous visitez ce pays.

Les doigts: ne jamais montrer quelqu'un avec son doigt.

Les têtes: ne jamais toucher la tête des enfants.

Les pieds: toujours enlever les chaussures lorsque vous entrez dans une maison, dans une mosquée ou un temple.

Les mains: toujours manger avec la main droite.

Bonjour: Il ne faut jamais serrer les mains. Il faut faire un signe de tête et un sourire.

Fill in the grid.

| Fingers: you must never . . . |
| Heads: you must never . . . |
| Feet: you must always . . .   . . . on entering a house, mosque or temple. |
| Hands: you must always . . . |
| Saying Hello: you must never . . . |

6. There's a special article on the centre page to do with the future.

> **En l'an 3000. La vie de tous les jours.**
>
> Nourriture: C'est très important pour vous. Vous vous voyez manger des pilules, de la nourriture en tube ou distribuée par des machines . . . Bon appétit!
>
> La télé aura au moins 500 chaînes. On va allumer ou éteindre la télé en claquant les mains.
>
> Place aux robots: faire le ménage, c'est fini! Les repas, la vaisselle, le repassage etc, seront faits par des robots.
>
> Et comment allez-vous passer votre temps?— à jouer sur vos ordinateurs ou bien à voyager dans des vaisseaux de l'espace. Génial, quoi?

(a) Where will you get your food from? Mention **two** things.   **2**

(b) What does the article say about television? Mention **two** things.   **2**

(c) Complete the following sentences.   **4**

   (i) Robots will be able to help around the house by doing the _____ and the _____ .

   (ii) In their spare time people will play on _____ or travel in _____ .

7. You read an article about a dam which is being built in China.

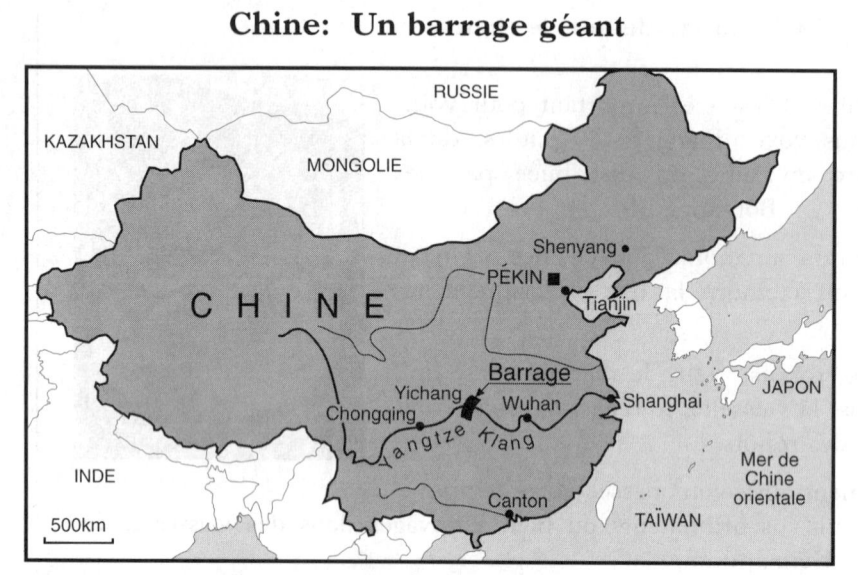

Chine: Un barrage géant

Un gigantesque barrage est en construction en Chine. Il se trouve sur le Yang-Tsé-Kiang, un grand fleuve chinois.

Ce sera le plus grand barrage du monde. Long de 1600 mètres, haut de 183 mètres, il a été commencé en 1994. Les travaux vont continuer jusqu'en 2009. 18 000 ouvriers travaillent en ce moment à sa construction. Il s'appelle le barrage des Trois Gorges. Ce barrage servira à fabriquer 10% de l'électricité de la Chine.

What do the following numbers in the article refer to? **6**

1600	
183	
1994	
2009	
18 000	
10%	

Total (32)

[END OF QUESTION PAPER]

NATIONAL QUALIFICATIONS 2000　　FRIDAY, 19 MAY
11.55 AM – 12.20 PM
(APPROX)

FRENCH
STANDARD GRADE
General Level
Listening Transcript

Transcript—General Level

> **Instructions to reader(s):**
> For each item, read the English **once**, then read the French **three times**, with an interval of 5 seconds between the readings. On completion of the third reading, pause for the length of time indicated in brackets after each item, to allow the candidates to write their answers.
>
> Where special arrangements have been agreed in advance to allow the reading of the material, those sections marked **(f)** should be read by a female speaker and those marked **(m)** by a male: those sections marked **(t)** should be read by the teacher.

(t) You are on holiday in France with your pen friend Antoine.

(f) or **(m)**　　Vous êtes en vacances chez votre correspondant Antoine.

(t) Question number one.

One morning Antoine's mother wakes you up.

What time is it? What are you going to do today?

(f)　　Réveille-toi! Il est déjà sept heures et demie! Et c'est aujourd'hui samedi. On va rendre visite aux grands-parents!

(*30 seconds*)

(t) Question number two.

She tells you what the weather will be like today.

What's today's weather forecast? Tick the correct box.

(f)　　J'ai entendu la météo à la radio. Il va faire du soleil, mais un peu froid.

(*30 seconds*)

(t) Question number three.

At breakfast Antoine's mother asks how you will be travelling.

How does Antoine say you will go? Why will this be handy?

(f)　　—Alors, comment allez-vous faire le voyage? En autobus, ou en train?

(m)　　—Je crois qu'on va prendre l'autobus. C'est pratique parce qu'il y a un arrêt de bus juste devant la maison de mes grands-parents.

(*30 seconds*)

(t) Question number four.

Antoine's mother asks him to return a couple of things to his grandfather.

What are they? Tick **two** boxes.

(f) Ton grand-père a oublié le livre qu'il lisait et aussi ses lunettes. Tu peux les lui donner, s'il te plaît.

(30 seconds)

(t) Question number five.

Antoine reminds you to take something with you.

What does he say? Fill in the gaps.

(m) N'oublie pas ton appareil-photo. Le village de mes grands-parents est très joli, très pittoresque.

(30 seconds)

(t) Question number six.

When you arrive at Antoine's grandparents' house, his grandfather welcomes you.

What two questions does he ask you? Tick **two** boxes.

(m) Ah, bonjour! Antoine nous a beaucoup parlé de toi. C'est ta première visite en France? Combien de temps vas-tu rester ici?

(30 seconds)

(t) Question number seven.

Antoine's grandmother has gone to the local shop.

What has she gone to get? Mention **two** things.

(m) Grand-mère n'est pas ici en ce moment. Elle est allée au magasin acheter un journal et du lait.

(30 seconds)

(t) Question number eight.

His grandfather continues talking.

Are the following statements true or false? Write **T** (true) or **F** (false) in the boxes below.

(m) Elle sera de retour vers trois heures moins vingt. Elle y est allée à pied. Le magasin est au coin de la rue, à droite; c'est pas loin.

(30 seconds)

(t) **Question number nine.**

You meet one of Antoine's friends, who is called Nathalie.

What do you learn about her? Fill in the gaps.

(f) **Je passe les vacances ici chez ma tante. En ce moment, j'aide ma tante dans son petit restaurant. Je dois mettre les tables pour le petit déjeuner et le soir, je fais la vaisselle.**

(30 seconds)

(t) **Question number ten.**

Nathalie tells you about what she is going to do.

What does she say? Fill in the gaps.

(f) **En septembre, je vais aller à l'université étudier l'informatique. Un jour, je voudrais bien travailler aux Etats-Unis.**

(30 seconds)

(t) **Question number eleven.**

The grandfather gives Antoine some things to take back home.

What does he give him? Mention **two** things.

(m) **Voici des choses pour ta mère: de la confiture et des légumes de notre jardin.**

(30 seconds)

(t) **Question number twelve.**

What does he then say to you? Mention **one** thing.

(m) **Mais dépêchez-vous! Sinon vous allez rater le bus!**

(30 seconds)

(t) **Question number thirteen.**

As you are leaving, Antoine reminds his grandparents about something which is happening on Tuesday.

What does he say? Mention **two** things.

(m) **N'oubliez pas que mardi, c'est l'anniversaire de mariage de Maman et Papa. Vous venez manger chez nous. D'accord?**

(30 seconds)

(t) **End of test.**

Now look over your answers.

[END OF TRANSCRIPT]

NATIONAL QUALIFICATIONS 2000

FRIDAY, 19 MAY 11.55 AM – 12.20 PM (APPROX)

FRENCH
STANDARD GRADE
General Level
Listening

When you are told to do so, open your paper.

You will hear a number of short items in French. You will hear each item three times, then you will have time to write your answer.

Write your answers, **in English**, in this book, in the appropriate spaces.

You may take notes as you are listening to the French, but only in this paper.

You may **not** use a French dictionary.

You are not allowed to leave the examination room until the end of the test.

Before leaving the examination room you must give this book to the invigilator. If you do not, you may lose all the marks for this paper.

You are on holiday in France with your pen friend Antoine.

Vous êtes en vacances chez votre correspondant Antoine.

1. One morning Antoine's mother wakes you up.

    (a) What time is it?   1

    _____

    (b) What are you going to do today?   1

    _____

    *   *   *   *   *

2. She tells you what the weather will be like today.

    What's today's weather forecast? Tick (✓) the correct box.   1

sunny and hot		sunny and windy	
sunny and cold		windy and cold	

    *   *   *   *   *

3. At breakfast Antoine's mother asks how you will be travelling.

    (a) How does Antoine say you will go?   1

    _____

    (b) Why will this be handy?   1

    _____

    *   *   *   *   *

4. Antoine's mother asks him to return a couple of things to his grandfather.
   What are they? Tick (✓) **two** boxes.

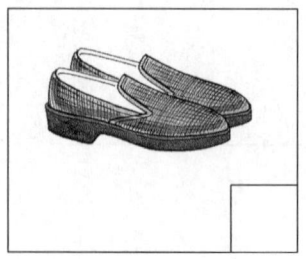

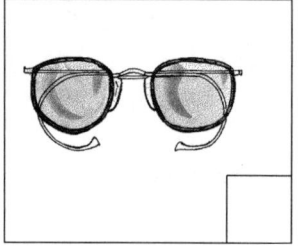

* * * * *

5. Antoine reminds you to take something with you.
   What does he say? Fill in the gaps.

   You should take your _____ because the village is _____ .

* * * * *

6. When you arrive at Antoine's grandparents' house, his grandfather welcomes you.

   What two questions does he ask you? Tick (✓) **two** boxes.

What is the weather like at home?	
Is this your first visit to France?	
How much money are you going to spend?	
How long are you going to stay?	

Marks

7. Antoine's grandmother has gone to the local shop.

   What has she gone to get? Mention **two** things.　　　　　2

   _____

   _____

   * * * * *

8. His grandfather continues talking.

   Are the following statements true or false? Write **T** (true) or **F** (false) in the boxes below.　　　3

She will be back at 2.40.	
She has gone on her bike.	
The shop is on the left.	

   * * * * *

9. You meet one of Antoine's friends, who is called Nathalie.

   What do you learn about her? Fill in the gaps.　　　3

   Nathalie is spending her holidays _____.

   She is helping in the restaurant. She must _____

   for breakfast, and in the evening she _____.

   * * * * *

10. Nathalie tells you about what she is going to do.

    What does she say? Fill in the gaps.　　　2

    In September she is going to study _____ at university.

    One day she would like to _____

    _____.

    * * * * *

Marks

11. The grandfather gives Antoine some things to take back home.

What does he give him? Mention **two** things.   2

_____

_____

* * * * *

12. What does he then say to you? Mention **one** thing.   1

_____

* * * * *

13. As you are leaving, Antoine reminds his grandparents about something which is happening on Tuesday.

What does he say? Mention **two** things.   2

_____

_____

* * * * *

Total (26)

[END OF QUESTION PAPER]

NATIONAL
QUALIFICATIONS
2000

THURSDAY, 25 MAY
1.50 PM – 2.35 PM

FRENCH
STANDARD GRADE
General Level
(Additional)
Writing

When you are told to do so, open your paper and write your answers **in French** in the spaces provided.

You may use a French dictionary.

Before leaving the examination room you must give this book to the invigilator. If you do not, you may lose all the marks for this paper.

You go on a school trip. You stay in a holiday centre for young people. You write to your pen friend about it.

Note: In each task, examples are given to help you with ideas. These are only suggestions and you are free to use ideas of your own to complete the tasks.

1. Tell your pen friend about the place you are staying. Write at least **three** sentences.

   (For example, you could say where it is, describe the accommodation, mention the facilities the youth hostel has, say what you think of it . . .)

2. Tell your pen friend about your stay. Write at least **three** sentences.

   (For example, you could mention how long you are staying, what your group will be doing each day, what work you have to do for school during the day or what you can do in the evening . . .)

3. Write at least **three** sentences about mealtimes.

(For example, you could say where you eat each meal, what sort of food there is, when mealtimes are, if you have to cook or prepare packed lunches, what you think about the food . . .)

4. Everyone has to help with the running of the centre. What do you do to help? Write at least **three** sentences.

(For example, you could say what cleaning, tidying or other household jobs you have to do and when you have to do them . . .)

5. You know your pen friend is going on holiday soon. Ask at least **three** questions about the holiday.

(For example, you could ask when your pen friend is going, where s/he is going, how s/he is travelling, how long s/he is staying, what s/he is going to do . . .)

[END OF QUESTION PAPER]

1995
THURSDAY, 18 MAY
11.20 AM – 12.20 PM

FRENCH
STANDARD GRADE
Credit Level
Reading

Instructions to the Candidate

When you are told to do so, open your paper and write your answers **in English** in the **separate** answer book provided.

You may use a French dictionary.

1. You read this article about the cinema in a magazine.

> **Le film où l'on s'embrasse le plus,** c'est DON JUAN. Dans ce film américain de 1927, le héros distribue 127 baisers à ses deux partenaires.
>
> **Le plus long baiser de l'histoire du cinéma** a duré 3 minutes et 5 secondes. Il a été donné, en 1940, par l'actrice Jane Wyman, première épouse du futur Président américain, Ronald Reagan.
>
> **Le plus grand cinéma du monde,** c'est le Radio City Music Hall de New York. Il peut accueillir près de 6 000 spectateurs. En France, le plus grand cinéma est le Grand Rex, à Paris, qui compte 2 800 places.
>
> **Depuis près de 20 ans, le pays où l'on produit le plus grand nombre de films,** c'est l'Inde, avec, en 1990, près de 1 000 films! La même année, les Etats-Unis en ont produit 358, et la France 146.
>
> **Le film le plus odorant,** c'est *Polyester*, un film américain de 1981. En entrant dans la salle, les spectateurs recevaient une carte avec des cases numérotées de 1 à 10: quand un numéro apparaissait sur l'écran, ils grattaient la carte à l'endroit voulu, pour libérer une odeur—essence, glace à la vanille, vieille chaussette, poubelle . . .

Marks

(a) Why are the following numbers mentioned?

   (i) 127 **(1)**

   (ii) 1940 **(1)**

   (iii) 6000 **(1)**

   (iv) 1000 **(1)**

(b) Why did cinema-goers receive a card before watching the film *Polyester*? **(2)**

2. Then you turn to an article on Susan Bowlus, a surprising young American.

Elle quitte son poste de secrétaire pour devenir la reine du rail

Aux USA, Susan Bowlus est une des rares femmes à exercer le métier de conductrice de train.

Née en Californie, Susan a débuté sa carrière comme secrétaire dans un cabinet d'avocats. Mais très vite lassée des "robes noires", elle a réussi à trouver un emploi dans la plus grande compagnie américaine de chemins de fer, la Southern Pacific Railroad Company.

D'abord mécanicienne, Susan a vérifié bielles et pistons, sous les regards amusés de ses collègues masculins. Bientôt, elle est montée en grade, et est devenue conductrice. Maintenant elle prend la charge des locomotives les plus sophistiquées! Aux commandes d'un convoi de marchandises long de plus de trois kilomètres, Susan ne pourrait pas être plus heureuse!

Mais cette jeune femme a d'autres talents. Entre ses voyages, Susan est photographe de mode et a même réussi à gagner plusieurs premiers prix. Une chose est sûre: elle n'a pas le temps de s'ennuyer.

Marks

(a) Why do you think someone has written this article about Susan Bowlus? (1)

(b) What was her first job? (1)

(c) When she became a mechanic, what was the reaction of her male colleagues? (1)

(d) What exactly does her **present** job with the Southern Pacific Railroad Company involve? (1)

(e) Susan has no time to be bored. Explain why. (1)

3. On the next page, you find this article.

L'ex-rocker français se lance dans la politique japonaise

Claude Ciari est né à Nice en France. Mais l'année dernière, aux élections du Sénat japonais, il a obtenu près de 400 000 votes.

A 20 ans, Claude a fondé, avec des copains, un groupe rock, «Les Champions». Une de ses compositions, *la Playa*, a eu beaucoup de succès. «Un jour, j'ai appris qu'on vendait mes disques même au Japon! A ce moment-là, je ne savais même pas où ça se trouvait!»

C'était quand il faisait une tournée en Asie, que Claude a découvert le Japon. Il a immédiatement aimé le pays, et il est tombé amoureux de Yoshiko, qu'il a épousée peu de temps après. «Je n'avais pas l'intention de vivre au Japon,» raconte Claude. «Nous sommes rentrés en France, mais Yoshiko ne se plaisait pas trop. Donc, on a décidé de s'installer définitivement au Japon.»

Aujourd'hui, Claude est directeur d'une importante compagnie d'informatique, il est aussi acteur, journaliste et musicien - il donne toujours 80 concerts annuels. Mais il trouve quand même le temps de faire de la politique. «On a une image déformée du Japon,» dit Claude. «Ce que l'on ne sait pas assez, c'est qu'il y a encore des gens qui meurent de faim et de froid. C'est pour ça que je veux faire de la politique.»

«J'adore toujours la France,» précise Claude, «mais je n'ai pas l'impression de rentrer chez moi quand j'y retourne. Maintenant je suis japonais à 100%.»

(a) What surprising feat did this Frenchman achieve last year? (1)

(b) How did Claude Ciari first become aware of Japan? (1)

(c) What happened on his first visit there? (2)

(d) Why did he decide to set up home in Japan? (1)

(e) Why did Claude decide to become involved in politics? (1)

(f) How has his attitude towards France changed? (1)

4. A few pages later there appears this article on the street children of Bogota.

Les enfants de Bogota: entre la misère et la drogue

Autrefois, la famille de Hugo vivait à la campagne. Les parents cultivaient un champ qui appartenait à un gros propriétaire. Ils étaient très pauvres. Un jour, comme beaucoup d'autres Colombiens, toute la famille a décidé de fuir la misère et est partie s'installer à Bogota.

En vain, les parents ont cherché du travail en ville. La vie était très difficile: pour gagner de l'argent, le père a commencé à vendre de la drogue et il a quitté la maison. On dit qu'il a été tué, mais on ne sait pas par qui.

Alors, sa mère a envoyé Hugo cirer des chaussures ou laver des voitures. Il commençait à rentrer de moins en moins souvent chez lui le soir. Il mendiait dans les rues. Pour manger, il volait des beignets et des fruits.

Marks

(a) What does the article tell us about Hugo's early life in the country?
   Mention **two** things. **(2)**

(b) Did the family's life improve when they moved to the town? Give **four** reasons for your answer. **(4)**

Aujourd'hui, Hugo a neuf ans et il ne rentre jamais chez lui. Il fait partie d'une bande d'une dizaine d'enfants. Le soir, ils mettent en commun le butin de leurs vols, ils dorment sur le trottoir, serrés les uns contre les autres.

On dit que la richesse de la Colombie est le café. En réalité, la cocaïne rapporte deux fois plus. Quand il sera plus grand, Hugo rencontrera ses aînés qui *dealent* dans la rue. Un Colombien sur trois se drogue pour se sentir moins mal au fond de la misère. A son tour, Hugo vendra de la drogue. Et ensuite...

(c) What is Hugo's life like now? Give **three** details. **(3)**

(d) What is his future likely to be? **(2)**

Total (29)

[END OF QUESTION PAPER]

1995
THURSDAY, 18 MAY
3.10 PM – 3.40 PM
(APPROX.)

FRENCH
STANDARD GRADE
Credit Level
Listening Transcript

This paper must not be seen by any candidate.

Transcript—Credit Level

> **Instructions to reader(s):**
>
> For each item, read the English **once**, then read the French **twice**, with an interval of 7 seconds between the two readings. On completion of the second reading, pause for the length of time indicated in brackets after each item, to allow the candidates to write their answers.
>
> Where special arrangements have been agreed in advance by the Board to allow the reading of the material, those sections marked **(f)** should be read by a female speaker and those marked **(m)** by a male: those sections marked **(t)** should be read by the teacher.

(t) While on holiday in France, you listen to some young people on a radio phone-in programme giving their opinions on heavy metal.

(f) or (m) **Aimez-vous le hard rock? Moi, je l'adore. Mais, qu'en pensez-vous? Téléphonez-moi pour me le dire.**

(t) Question number one.

According to the first person, heavy metal is a form of revolt. Against which **three** things?

(f) or (m) **Moi, j'adore le hard rock, surtout Nirvana et Guns 'n Roses. Je pense que c'est une sorte de révolte contre la pollution, la guerre et la pauvreté dans le monde d'aujourd'hui.**

(40 seconds)

(t) Question number two.

Give **two** reasons why the next person hates heavy metal.

(f) or (m) **Moi, je déteste le hard. Les musiciens ne chantent pas, ils crient. Ça me fait mal aux oreilles.**

(40 seconds)

(t) Question number three.

What shows that heavy metal is important to the third caller? Mention **three** things.

(f) or (m) **J'adore la musique en général, mais le hard prend une place très importante dans ma vie. J'écoute du hard quand je me réveille, quand je fais mes devoirs et même la nuit en dormant.**

(40 seconds)

(t) Question number four.

On hearing heavy metal on the radio, what is the final caller's reaction?

(f)
or
(m) **J'aime beaucoup la musique mais je ne supporte pas le hard. Après quelques secondes d'écoute, j'ai vraiment envie de jeter ma radio par la fenêtre.**

(40 seconds)

Later, you hear a programme which gives advice on improving your study techniques.

(t) Question number five.

What **two** pieces of advice are given?

(f)
or
(m) **Premièrement, range un peu tes affaires. Qui voudrait travailler dans une chambre où le lit n'est pas fait et où il y a un tas de papiers sur la table? Deuxièmement, sur la table, garde seulement le matériel dont tu as besoin.**

(40 seconds)

(t) Question number six.

What can you do to exercise your brain? Give **two** examples.

(f)
or
(m) **Il faut faire travailler ton cerveau. Quand tu fais les courses au supermarché, regarde le prix de tes achats et essaye de calculer mentalement le prix total. Ou encore, raconte à un copain ou une copine l'histoire d'un livre ou d'un film que tu as aimé.**

(40 seconds)

(t) Question number seven.

What does the programme suggest you do to memorise important information?

(f)
or
(m) **Si tu veux mémoriser des informations importantes, regarde-les juste avant d'aller au lit. Tu auras toutes les chances de te les rappeler.**

(40 seconds)

(t) Finally you hear a programme about the flu.

Question number eight.

In what year did the worst flu epidemic break out? What was this epidemic called?

(f)
or
(m) **L'épidémie la plus grave de toutes s'est déclarée en 1918. On a appelé cette grippe la grippe espagnole.**

(40 seconds)

(t) Question number nine.

How did this flu affect the United States? Give **three** examples.

(f)
or
(m) **Aux États-Unis, c'était la catastrophe. Au cours de l'hiver 1918–1919, 25% des Américains sont tombés malades et beaucoup de villes ont été paralysées. Les écoles ont fermé leurs portes. Les transports publics ont cessé de fonctionner.**

(40 seconds)

(t) **Question number ten.**

In recent times a flu vaccine has been developed. What **two** reasons are given for this?

(f) or (m) **Maintenant, on a un vaccin contre la grippe. Pourquoi? Pour certaines personnes, la grippe peut être mortelle. Il faut dire aussi que la grippe peut désorganiser l'industrie, car c'est une semaine d'absence pour chaque malade.**

(40 seconds)

(t) **Question number eleven.**

Which two groups of people are in most danger from the flu?

(f) or (m) **La grippe est dangereuse d'abord pour les personnes âgées de plus de 65 ans. Ensuite, pour tous les gens qui ont déjà des maladies graves, la grippe peut mettre leur vie en danger.**

(40 seconds)

(t) **Question number twelve.**

Why is being vaccinated the best way to combat the flu? Give **two** reasons.

(f) or (m) **Il existe des médicaments contre la grippe mais ils sont difficiles à utiliser. Et les antibiotiques qui détruisent les bactéries ne peuvent rien faire contre les virus. La meilleure solution, c'est de se faire vacciner.**

(40 seconds)

(t) **End of test.**

You now have 5 minutes to look over your answers.

[END OF TRANSCRIPT]

1995
THURSDAY, 18 MAY
3.10 PM – 3.40 PM
(APPROX.)

FRENCH
STANDARD GRADE
Credit Level
Listening

Instructions to the Candidate

When you are told to do so, open your paper.

You will hear a number of short items in French. You will hear each item twice, then you will have time to write your answer.

Write your answers, **in English**, in the **separate** answer book provided.

You may take notes as you are listening to the French, but only in your answer book.

You may **not** use a French dictionary.

You are not allowed to leave the examination room until the end of the test.

1995

Marks

While on holiday in France, you listen to some young people on a radio phone-in programme giving their opinions on heavy metal.

    Aimez-vous le hard rock?   Moi, je l'adore.   Mais, qu'en pensez-vous? Téléphonez-moi pour me le dire.

1. According to the first person, heavy metal is a form of revolt. Against which **three** things? (3)

* * * * *

2. Give **two** reasons why the next person hates heavy metal. (2)

* * * * *

3. What shows that heavy metal is important to the third caller? Mention **three** things. (3)

* * * * *

4. On hearing heavy metal on the radio, what is the final caller's reaction? (1)

* * * * *

Later, you hear a programme which gives advice on improving your study techniques.

5. What **two** pieces of advice are given? (2)

* * * * *

6. What can you do to exercise your brain? Give **two** examples. (2)

* * * * *

7. What does the programme suggest you do to memorise important information? (1)

* * * * *

Finally, you hear a programme about the flu.

8. (*a*) In what year did the worst flu epidemic break out? (1)
    (*b*) What was this epidemic called? (1)

* * * * *

Marks

9. How did this flu affect the United States? Give **three** examples. (3)

* * * * *

10. In recent times a flu vaccine has been developed.
    What **two** reasons are given for this? (2)

* * * * *

11. Which two groups of people are in most danger from the flu? (2)

* * * * *

12. Why is being vaccinated the best way to combat the flu?
    Give **two** reasons. (2)

Total (25)

* * * * *

[*END OF QUESTION PAPER*]

1995
FRIDAY, 19 MAY
10.35 AM – 11.35 AM

FRENCH
STANDARD GRADE
Credit Level
(Optional Paper)
Writing

Some young French people have written to a magazine about pocket money.

L'ARGENT DE POCHE

« Ma mère me donne de l'argent de poche. Et j'ai de la chance, car ça augmente chaque année. En ce moment, je reçois 50 francs par semaine. J'utilise cet argent pour acheter un magazine sur le rock et un snack le matin à l'école. »

Dominique, 15 ans

« Je ne reçois pas d'argent de poche. Je me fais de l'argent en travaillant: je fais du baby-sitting chez les voisins pendant le weekend. Et en été, je cueille des fruits chez les agriculteurs du village. »

Sylvie, 16 ans

« Mes parents ont peur que j'achète des cigarettes. Donc, ils ne veulent pas me donner d'argent de poche. Chaque fois que j'ai besoin de quelque chose, je dois demander de l'argent à mes parents et leur expliquer ce que je vais acheter. C'est pénible. Je ne me sens pas libre du tout. »

Serge, 16 ans

« Moi, je dépense très vite mon argent de poche. Je trouve que ce n'est pas suffisant. Il y a souvent des disputes entre mes parents et moi à cause de ça, mais ils me disent que je devrais être content car, eux, ils n'avaient rien à mon âge. »

Antoine, 15 ans

Now that you have read these people's thoughts on pocket money, write about your own views.

Here are some questions you may wish to consider. You do not have to use all of them, and you are free to include other relevant ideas.

Do you receive pocket money?

Or do you have to help around the house to earn some money? Do you have a holiday job or a weekend job? What do you do?

How do you spend your pocket money? What are you expected to pay for out of your pocket money?

How does your situation compare with that of your friends?

Write about 200 words in **French**.

You may use a French dictionary.

[END OF QUESTION PAPER]

1996
TUESDAY, 21 MAY
11.20 AM – 12.20 PM

FRENCH
STANDARD GRADE
Credit Level
Reading

1. You find an article in a French magazine about a successful heart transplant.

Le Temps d'une Greffe du Cœur

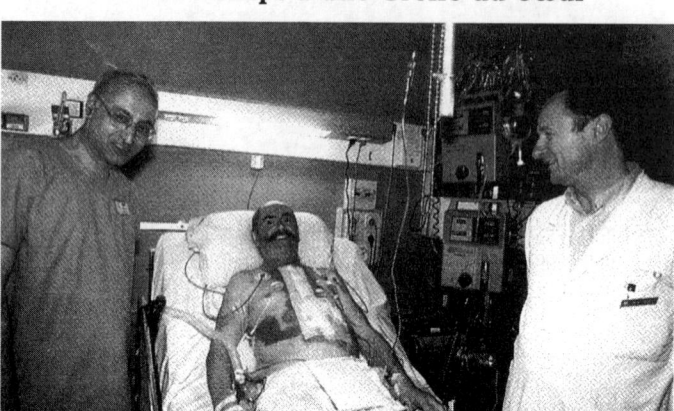

Voici la course contre la montre des chirurgiens, qui, en quelques heures, permettent à un homme de revivre.

Paris

20h15   À France-Transplant, qui administre tous les dons d'organes en France, un coup de téléphone signale qu'un cœur est disponible en Italie.

20h45   À l'aéroport du Bourget les médecins, Pierre Corbi et Leonardo Lima, rangent leur matériel dans l'avion "Falcon 10", qui va les emmener. Après une heure de vol, ils atterrissent à Bergame, au nord de l'Italie. Une ambulance attend sur la piste. Encore 80 kilomètres de route pour atteindre l'hôpital de Lecco.

22h55   Arrivés à l'hôpital, des chirurgiens prélèvent le cœur d'un jeune homme, décédé dans un accident de la route. Il avait 17 ans. Son cœur va sauver la vie d'un autre homme, monsieur L., qui habite près de Paris. Les groupes sanguins de monsieur L., gravement malade, et du jeune Italien, sont compatibles.

L'opération est effectuée. Le cœur est placé délicatement dans une vaste "glacière".

2 heures   Les médecins, fatigués, retournent à Paris avec le cœur.

Marks

(a) Why was it difficult for the people at "France-Transplant" to bring the donor heart to Paris? Give **two** reasons for your answer. (2)

(b) Why was the donor heart suitable? (1)

(c) How is the donor heart kept safe during the return journey to Paris? (1)

The article continues.

3 heures Paris. Monsieur L. attend son nouveau cœur dans le bloc opératoire de l'hôpital La Pitié-Salpêtrière.

4h20 L'intervention commence. Le calme est total. Les paroles échangées sont rares.

5h06 Le cœur du malade est enlevé. Avec précaution, le cœur de remplacement est sorti de la "glacière".

5h12 Le nouveau cœur est mis en place. Commence alors un minutieux travail de couture, pour le relier à la circulation et aux poumons de l'opéré. Au bout de quarante-cinq minutes, les chirurgiens stimulent le cœur avec un léger choc électrique, donné par deux électrodes.

6 heures Le cœur de monsieur L. commence à battre. Dans une douzaine de jours, il pourra partir de l'hôpital pour une maison de convalescence. Une seconde vie commencera pour lui . . .

Aujourd'hui, plus de neuf ans après leur opération, 70% des greffés mènent une vie normale.

Marks

(d) Describe the atmosphere during the transplant operation. **(1)**

(e) Once the new heart is in place, what **two** things must the surgeons do before the operation is complete? **(2)**

(f) What proves that most transplant operations are successful? **(1)**

2. You read this interview with Catherine Destivelle, a French climber.

Pourquoi avez-vous commencé à faire de l'escalade?

Nous étions six enfants—cinq filles et un garçon. J'étais l'aînée. Mes parents nous encourageaient à grimper partout: sur les arbres, les toits, les murs. Mon père adorait grimper et il m'a inscrite au Club Alpin Français quand j'étais très jeune.

À l'école, vous étiez comment?

Assez consciencieuse, parce que je voulais avoir de bons résultats pour pouvoir partir en montagne. Si j'avais de mauvaises notes, les parents me privaient d'escalade! Je me souviens, à l'école, je m'entraînais à combattre le froid. Je restais en tee-shirt toute l'année, même en hiver.

Vous aviez froid pourtant?

Non. Le froid, c'est une question de concentration. Quand vous avez froid, il faut rester calme, détendre vos muscles et respirer profondément. Plus vous vous énervez, plus vous avez froid.

Qu'est-ce qui est important en escalade?

Le réchaud à gaz. Il faut beaucoup boire. J'ai toujours deux ou trois briquets sur moi, un réchaud, et je fais fondre la glace. Si on veut avoir un corps qui fonctionne bien, il faut boire, boire, boire. Le froid et l'effort déshydratent et, plus on est déshydraté, plus on a la chance de geler. Si vous avez oublié votre réchaud, c'est fini, vous pouvez descendre.

Et à part le réchaud?

Une paire de chaussettes de rechange, pour ne pas se geler les pieds. Moi, je dors avec mes chaussettes dans mon sac de couchage pour les réchauffer! J'enlève les semelles de mes chaussures et je les fais chauffer et sécher sur moi.

Quels sont les petits détails pratiques très importants?

Surtout, il faut manger—même si on n'a pas faim! C'est une question de survie.

Marks

(a) How did Catherine's interest in climbing begin? **(2)**

(b) (i) How did her parents ensure that she worked hard at school? **(1)**

(ii) When she was at school, why did she wear a T-shirt all year round? **(1)**

(c) What advice does she give for coping with the cold? Mention **three** things. **(3)**

(d) Explain why a camping stove is so important to climbers like Catherine Destivelle. Give **two** reasons. **(2)**

(e) How does she protect her feet from frostbite? Mention **two** things. **(2)**

(f) What advice does she give about eating whilst on the mountain? **(1)**

3. You read a magazine article about the changing fortunes of a man called Pascal.

L'HISTOIRE VÉCUE DE PASCAL G. 37 ans

1973, 16 ans. Plein de vie, Pascal veut être indépendant et réussir dans un métier qui le passionne. Il travaille dans une pâtisserie où il fait son apprentissage.

1975, 18 ans. Il fait son service militaire.

1976, 19 ans. La vie lui sourit et il travaille dans une grande pâtisserie, très renommée, à Nîmes. Il y reste dix-huit mois.

1979, 22 ans. Il prend des responsabilités et atteint le but qu'il s'était fixé dans la vie: "Pâtissier".

1987, 30 ans. Les affaires "marchent", son employeur est fier de lui.

1988, 31 ans. C'est le ras-le-bol. 85 heures par semaine l'épuisent. Il est mécontent de son salaire. Pascal s'aperçoit qu'il a trente et un ans et qu'il a oublié une chose importante dans la vie: l'amour de la famille. Donc, il s'en va. Sa destination? Cherbourg.

Son père est à Cherbourg. Là-bas, il retrouve ce qui lui a manqué—l'amour d'une famille.

Fin 1989. C'est trop. Mal compris, il se sent rejeté par sa famille dont il a besoin et finalement il craque . . . Plusieurs tentatives de suicide le mènent en hôpital.

1994, 37 ans. Après un an et demi de repos et de soins intensifs, Pascal ressort. Il recherche à nouveau une famille. De bouche à oreille, il entend parler d'une Association: l'A.D.E.H.C.

Un lundi, il frappe à la porte de cette association. Là, il rencontre des gens qui l'écoutent, qui le comprennent, qui veulent l'aider. Pascal a confiance. Il se sent compris et soutenu. L'association lui apporte quelque chose qu'il avait perdu depuis longtemps: des amis.

Depuis, Pascal a retrouvé le moral et il se sent utile. Il veut recommencer, trouver une femme et fonder ce qu'il a toujours recherché—une famille.

Marks

(a) What did Pascal want out of life at the age of 16? Mention any **two** things. **(2)**

(b) Give any **two** reasons why he first became unhappy with his life. **(2)**

(c) What finally caused his breakdown in 1989? Give **two** reasons. **(2)**

(d) In what ways did the association A.D.E.H.C. help Pascal after his breakdown? Mention **three** ways. **(3)**

(e) (i) What is Pascal's attitude to life now? **(1)**

   (ii) Give any **one** reason for your answer. **(1)**

Total (31)

[*END OF QUESTION PAPER*]

1996
TUESDAY, 21 MAY
3.10 PM – 3.40 PM
(APPROX.)

FRENCH
STANDARD GRADE
Credit Level
Listening Transcript

Transcript—Credit Level

> **Instructions to reader(s):**
>
> For each item, read the English **once**, then read the French **twice**, with an interval of 7 seconds between the two readings. On completion of the second reading, pause for the length of time indicated in brackets after each item, to allow the candidates to write their answers.
>
> Where special arrangements have been agreed in advance by the Board to allow the reading of the material, those sections marked **(f)** should be read by a female speaker and those marked **(m)** by a male: those sections marked **(t)** should be read by the teacher.

(t) You are on holiday in France with your family. One evening you listen to the radio.

(f) or (m) Tu es en vacances en France avec ta famille. Un soir, tu écoutes la radio.

(t) Question number one.

You listen to a programme about a tennis tournament. The announcer introduces the programme.

For which **age group** of players is the tournament organised? What were the nationalities of the **two** winners this year?

(f) or (m) Chaque année, à Tarbes, dans le sud-ouest de la France, le tournoi international junior de tennis rassemble, dans la catégorie des 13–14 ans, les meilleurs joueurs de tennis. Cette année, une Américaine et un Russe ont remporté les finales.

(40 seconds)

(t) Question number two.

You then hear an interview with the coach of Corinne Dauvé, one of the competitors.

What is the coach **not** allowed to do during the match?

(m) Sur le bord du court, j'observe Corinne. Je n'ai pas le droit de lui parler pendant le match.

(40 seconds)

(t) Question number three.

Which aspects of Corinne's game does he observe during a match? Give **two** of the aspects he mentions.

(m) Je regarde la façon dont Corinne tient sa raquette, la position de son corps. Je note aussi les moments où elle s'énerve, où elle commet des fautes, pour en parler plus tard, avec elle.

(40 seconds)

(t) Question number four.

Corinne is then interviewed.

How long has she been playing tennis? In what way is her school timetable different from that of other pupils?

(f) J'ai commencé le tennis à l'âge de 6 ans—c'est à dire je joue depuis 7 ans maintenant. A l'école, je vais en classe comme les filles de mon âge, simplement, je ne fais pas de musique ou de dessin comme les autres. A la place, je m'entraîne.

(40 seconds)

(t) Question number five.

A girl who decided to give up tennis is also interviewed.

What reasons did she give for her decision? Give any **three** reasons.

(f) J'ai décidé que je ne voulais pas me consacrer au tennis. Je voulais être comme les autres: continuer mes études, aller au cinéma avec des copains au lieu d'aller faire trois heures d'entraînement par jour.

(40 seconds)

(t) Then you listen to a radio agony aunt called Eva, who reads out letters sent in by listeners. She reads out a letter from Claire.

Question number six.

Mention any **two** problems Claire is having at school. What do her parents and teachers think of her?

(f) Voici une lettre de Claire

Chère Eva,
Je vous écris car j'ai de grands problèmes au collège. J'ai treize ans et j'ai déjà redoublé deux fois. Je ne réussis jamais à mes examens car je panique. Je suis trop nerveuse. Mes parents et mes professeurs pensent que je suis une mauvaise élève et que je ne travaille pas assez. Mais, au contraire, je travaille beaucoup.

(40 seconds)

(t) The letter continues.

Question number seven.

How is she treated at home? Mention any **two** things. How does she feel? Mention any **two** things.

(f) Mes parents se moquent de moi. Ils me prennent pour une imbécile et ils ont honte de moi. Vous êtes ma dernière chance, car je me sens seule et désespérée. J'ai peur de toujours être nulle.

(40 seconds)

(t) Question number eight.

What piece of advice does Eva give?

(f) Claire, merci de ta confiance. Il y a beaucoup de jeunes qui ont le même problème. Il faut absolument en discuter avec quelqu'un que tu respectes—ta meilleure amie ou un prof sympa, par exemple.

(40 seconds)

(t) A news item about a fire in La Baule catches your interest.

Question number nine.

What details are we given? Mention any **two** things.

(f) or (m)
La Baule: Un enfant sauvé du feu!
Vendredi, le feu s'est déclaré dans une maison de vacances, dans la chambre où dormait un garçon âgé de deux ans et demi.

(40 seconds)

(t) The item continues.

Question number ten.

What made M. Morel realise something was wrong? Describe the scene when he entered the room. Mention any **two** things.

(f) or (m)
Pierre Morel a entendu les cris de son fils et s'est précipité dans la chambre. M. Morel raconte ce qui s'est passé: "Il y avait beaucoup de flammes et je ne pouvais pas voir mon fils à cause de la fumée. Il n'arrêtait pas de crier. J'ai plongé et je l'ai porté dehors."

(40 seconds)

(t) Question number eleven.

What **two** things did he then do?

(f) or (m)
Ensuite M. Morel, les cheveux roussis par le feu, a évacué ses deux filles, de quatorze et huit ans, qui jouaient au rez-de-chaussée. Il a aussi sorti une bouteille de gaz.

(40 seconds)

(t) End of test.

You now have 5 minutes to look over your answers.

[END OF TRANSCRIPT]

1996
TUESDAY, 21 MAY
3.10 PM – 3.40 PM
(APPROX.)

**FRENCH
STANDARD GRADE**
Credit Level
Listening

Instructions to the Candidate

When you are told to do so, open your paper.

You will hear a number of short items in French. You will hear each item twice, then you will have time to write your answer.

Write your answers, **in English**, in the **separate** answer book provided.

You may take notes as you are listening to the French, but only in your answer book.

You may **not** use a French dictionary.

You are not allowed to leave the examination room until the end of the test.

Marks

You are on holiday in France with your family. One evening you listen to the radio.

Tu es en vacances en France avec ta famille. Un soir, tu écoutes la radio.

1. You listen to a programme about a tennis tournament. The announcer introduces the programme.

    (a) For which **age group** of players is the tournament organised? **(1)**

    (b) What were the nationalities of the **two** winners this year? **(1)**

    * * * * *

2. You then hear an interview with the coach of Corinne Dauvé, one of the competitors.

    What is the coach **not** allowed to do during the match? **(1)**

    * * * * *

3. Which aspects of Corinne's game does he observe during a match? Give **two** of the aspects he mentions. **(2)**

    * * * * *

4. Corinne is then interviewed.

    (a) How long has she been playing tennis? **(1)**

    (b) In what way is her school timetable different from that of other pupils? **(1)**

    * * * * *

43

Marks

5. A girl who decided to give up tennis is also interviewed.

What reasons did she give for her decision? Give any **three** reasons. **(3)**

* * * * *

Then you listen to a radio agony aunt called Eva, who reads out letters sent in by listeners. She reads out a letter from Claire.

6. (*a*) Mention any **two** problems Claire is having at school. **(2)**

(*b*) What do her parents and teachers think of her? **(1)**

* * * * *

The letter continues.

7. (*a*) How is she treated at home? Mention any **two** things. **(2)**

(*b*) How does she feel? Mention any **two** things. **(2)**

* * * * *

8. What piece of advice does Eva give? **(1)**

* * * * *

A news item about a fire in La Baule catches your interest.

9. What details are we given? Mention any **two** things. **(2)**

* * * * *

The item continues.

10. (*a*) What made M. Morel realise something was wrong? **(1)**

(*b*) Describe the scene when he entered the room. Mention any **two** things. **(2)**

* * * * *

11. What **two** things did he then do? **(2)**

* * * * *

Total (25)

[*END OF QUESTION PAPER*]

1996
WEDNESDAY, 22 MAY
10.35 AM – 11.35 AM

FRENCH
STANDARD GRADE
Credit Level
(Optional Paper)
Writing

Here are the thoughts of some French teenagers on leisure time.

> **Valérie**
> Moi, je trouve que j'ai peu de temps pour mes loisirs car j'ai beaucoup de devoirs. C'est dommage parce que j'aimerais me retrouver plus souvent avec mes copains. Mais comme je voudrais devenir médecin, j'accepte que je devrais passer beaucoup de temps à étudier.

> **Marie**
> D'habitude, je sors souvent avec mes copains. Je suis très sportive et je suis membre d'une équipe de volley. Je m'entraîne deux fois par semaine, et tous les mercredis il y a un match quelque part. Je ne fais rien à la maison pour aider ma mère.

> **Marc**
> À mon avis, on ne devrait pas faire de devoirs le weekend—il est important de se détendre après une semaine au collège. Mes parents m'obligent à ranger ma chambre et à travailler dans leur boulangerie. Je sors avec des copains de temps en temps mais avec les devoirs et le travail au magasin, j'ai très peu de temps pour les loisirs.

> **Pierre**
> Moi, je n'aime pas beaucoup le sport—je préfère les activités calmes et relaxantes. C'est pourquoi je fais du yoga. J'aime bien faire du vélo dans la campagne et me promener tranquillement avec mes chiens.

What are your thoughts on leisure time? Here are some questions you may wish to consider. You do not have to use all of them, and you are free to include other relevant ideas.

- How do you relax?
- Do you spend your leisure time on sports or on other activities?
- Is leisure time important to you? Why?
- Does homework take up a lot of your free time?
- What do you do to help around the house?

Write about 200 words in **French**.

You may use a French dictionary.

[END OF QUESTION PAPER]

1997
WEDNESDAY, 21 MAY
1.45 PM – 2.45 PM

FRENCH
STANDARD GRADE
Credit Level
Reading

Instructions to the Candidate

When you are told to do so, open your paper and write your answers **in English** in the **separate** answer book provided.

You may use a French dictionary.

1. You are reading a French magazine. You find this article about a young French ski champion.

Laure, la surdouée du ski!

Laure Durand a juste 13 ans. A première vue, rien ne la différencie des autres adolescentes de son âge. Enfin, presque rien . . . Mais, en réalité, Laure est une surdouée du ski.

Laure suit des cours au collège de Briançon (Hautes-Alpes). Entre les heures de mathématiques et de français, elle chausse ses skis et part rejoindre les pistes qu'elle aime tant. Le lundi et le jeudi après-midi, elle skie avec l'école. Le mercredi, le samedi et le dimanche, elle skie avec son club.

Lorsque Laure rate des cours à cause du ski, elle demande à sa meilleure amie de les lui passer. En plus, tous les soirs en semaine, elle est obligée de travailler pour rattraper les cours. Par conséquent, notre championne ne regarde pas la télévision et se couche tôt tous les soirs, même en vacances.

A 13 ans, Laure s'est qualifiée pour la Topolino (une sorte de jeux olympiques pour les jeunes), en Italie, et aux Ménuires, en Savoie, elle a gagné la finale du slalom. Mais ce qu'on a oublié de vous dire, c'est qu'elle a terminé sa course sur un seul ski. Quelques mètres plus haut, elle avait cogné une porte* et avait perdu un ski. Et comme rien ne l'arrête, elle a quand même continué à skier.

«C'est vrai que, pour l'instant, le ski, ça marche plutôt bien pour moi,» reconnaît Laure. «Mais je garde la tête sur les épaules. Quand je rentrerai au lycée, cela sera de plus en plus difficile de suivre des cours et de skier en même temps.»

Mais elle a toujours le sourire aux lèvres . . . Elle sait qu'elle a encore de belles descentes devant elle.

*une porte = a slalom gate

Marks

(a) What is the first impression we get of Laure? **(1)**

(b) (i) How does Laure keep up with her school work? **(2)**

　　(ii) How does this affect her routine at home? **(2)**

(c) What made her victory at Les Ménuires exceptional? **(1)**

(d) (i) How has she reacted to her success so far? **(1)**

　　(ii) What difficulty does she see ahead of her? **(1)**

2. This article is about a dramatic event.

Fusillade à Paris

Le 4 octobre, deux policiers et un chauffeur de taxi ont été tués à Paris par Florence Rey (19 ans) et par Marc Maupin (22 ans). Six autres personnes ont été blessées dans les fusillades.

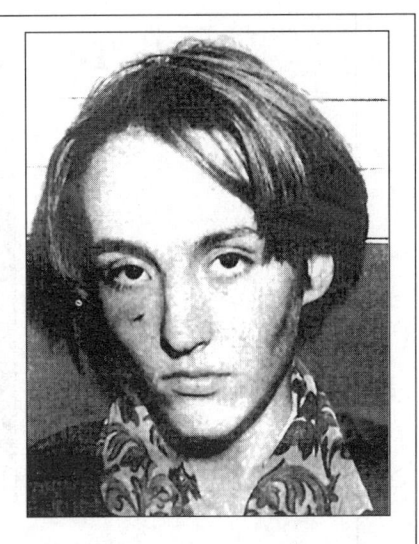

Mardi 4 octobre, 21h 25, un homme et une femme masqués attaquent deux policiers de garde. L'homme et la femme prennent les armes (les revolvers) des policiers. Ils arrêtent un chauffeur de taxi et le prennent en otage avec le passager qu'il transporte.

Quelques minutes après, le chauffeur de taxi voit une voiture de police. Pour attirer l'attention des policiers, il cogne leur voiture. La fusillade éclate. Deux policiers et le chauffeur de taxi sont tués. Marc Maupin est gravement blessé, Florence Rey est arrêtée. Il est 21h 50. En moins d'une heure, trois personnes sont mortes. C'est horrible!

Marc Maupin a 22 ans et est étudiant. Florence Rey a 19 ans. Rien ne laissait penser qu'un jour ils allaient faire un tel crime. Ils n'avaient jamais fait de bêtises avant. Ils n'étaient pas des délinquants. Alors, pourquoi une telle violence?

Ce drame pose beaucoup de questions, et surtout cette question: notre société, est-elle capable de donner aux jeunes autre chose que de la violence? Si aujourd'hui des jeunes tuent pour rien, cela montre que quelque chose ne marche pas bien dans notre société. Cela veut dire qu'ils ne croient plus en rien, que plus rien n'a d'importance pour eux, même pas la vie. Et ça, c'est très grave.

Marks

(a) How did the drama begin? **(1)**

(b) How did the taxi driver become involved? **(1)**

(c) Describe the events which then led to the three deaths. **(3)**

(d) Why was the behaviour of these two young people so unexpected? **(2)**

(e) What does the author think causes some young people to turn to violence so readily today? **(2)**

3. You then read an article about an unusual journey.

Un Tour du Monde à Vélo en 14 ans

Claude et Françoise Hervé avaient respectivement 27 et 25 ans lorsqu'ils ont transformé leur rêve en réalité: parcourir le monde à vélo.

Le 1er avril 1981, Claude et Françoise ont quitté Lyon sur leurs bicyclettes à quinze vitesses, spécialement construites pour l'occasion et chargées de 70 kilos d'équipement. Après avoir préparé leur voyage pendant deux ans, ils ont renoncé à la sécurité d'un bon job et ont vendu leur appartement de huit pièces.

Le voyage qui devait durer deux ans s'est transformé en une véritable odyssée: ils sont rentrés en France quatorze ans plus tard après une randonnée à vélo fantastique qui s'est étendue aux cinq continents, sur 160 000 kilomètres, avec une licence de mariage signée au Pakistan, une fillette de six ans née en Nouvelle-Zélande et des milliers d'histoires à raconter.

Claude prend la parole:

«Nous avons lutté contre la tempête de neige à moins 30 pour passer un col à 5 000 mètres.

Il nous a fallu une journée entière pour traverser 4 kilomètres de jungle. En Irak, notre tente a été attaquée, au milieu d'un désert, par des chiens sauvages. En Inde, les douaniers de la frontière pakistanaise ont refusé d'accepter mon passeport.

Mais nous ne regrettons pas un instant de nous être lancés dans cette grande aventure.»

		Marks
(a)	What did Claude and Françoise have to do before they set off on their journey? Mention **three** things.	**(3)**
(b)	How did their original plans change?	**(1)**
(c)	How had their circumstances changed by the time they returned?	**(2)**
(d)	Describe any **three** things which happened to them during the journey.	**(3)**

Total (26)

[END OF QUESTION PAPER]

1997
WEDNESDAY, 21 MAY
3.05 PM – 3.35 PM
(APPROX.)

FRENCH
STANDARD GRADE
Credit Level
Listening Transcript

Transcript—Credit Level

Instructions to reader(s):

For each item, read the English **once,** then read the French **twice,** with an interval of 7 seconds between the two readings. On completion of the second reading, pause for the length of time indicated in brackets after each item, to allow the candidates to write their answers.

Where special arrangements have been agreed in advance to allow the reading of the material, those sections marked **(f)** should be read by a female speaker and those marked **(m)** by a male: those sections marked **(t)** should be read by the teacher.

(t) You are staying at the home of your French pen pal, Marie-Claire. One day, she talks about how she gets on with her parents.

(m) or (f) Tu loges chez ta correspondante française, Marie-Claire. Un jour, elle te raconte comment elle s'entend avec ses parents.

(t) Question number one.

Marie-Claire sometimes has arguments with her parents.

What do they say? Why does she think this is unfair?

(f) Je ne m'entends pas du tout avec mes parents. Ils disent que je dépense trop d'argent en vêtements. Pourtant, c'est moi qui travaille pour cet argent, c'est moi qui le gagne. A mon avis, si l'on gagne de l'argent, on a le droit de le dépenser comme on veut.

(40 seconds)

(t) One evening, Marie-Claire and her father are talking about their summer holiday.

Question number two.

Her father wants to go to Brittany. Why? Give **two** reasons.

(m) Alors, les vacances! Nous irons en Bretagne, comme d'habitude. J'adore ça. L'air pur de la campagne, la tranquillité et les longues promenades.

(40 seconds)

(t) Question number three.

Why does Marie-Claire not like Brittany? Give **two** reasons.

(f) La Bretagne, bof! Oh non! Pas encore! On y est allé l'année dernière. Le paysage est joli, mais il n'y a rien à faire. En plus, il ne fait pas chaud.

(40 seconds)

(t) Question number four.

What does she expect from a holiday? Mention **three** things.

(f) Moi, je veux aller dans un endroit où il y a le soleil et la mer bleue; et où je peux sortir le soir avec d'autres jeunes. Pourquoi ne pas aller en Italie ou en Espagne?

(40 seconds)

(t) Question number five.

Why can they not afford to go abroad?

(m) Ah, non! Tu sais très bien qu'on ne peut pas se payer un voyage à l'étranger cette année. Cela nous coûtera assez cher quand tu vas partir aux Etats-Unis avec ton école!

(40 seconds)

(t) Question number six.

Her father suggests going to Nice. How will they be able to afford this?

(m) Si tu veux du soleil, j'ai un collègue de bureau qui a un appartement près de Nice. Je crois qu'on pourra y loger gratuitement.

(40 seconds)

(t) Question number seven.

Her father wants to take the train this year. Why? Mention **one** thing.

(m) De toute façon, on va prendre le train cette année. Il y a trop de circulation sur les routes. J'en ai assez des embouteillages quand on part en vacances.

(40 seconds)

(t) Question number eight.

Her father gives **two** more reasons for not travelling by car. What are they?

(m) D'ailleurs, les routes sont dangereuses à cette saison. Chaque année, au moment des grands départs, des centaines de personnes sont tuées ou blessées.

(40 seconds)

(t) Question number nine.

Marie-Claire tells you about her favourite holiday.

What made it so enjoyable for her? Mention any **two** things.

(f) Ma meilleure expérience de vacances en groupe, c'était quand j'avais douze ans. Je suis partie dans les Pyrénées avec un groupe de cent enfants de neuf nationalités pour une semaine d'activités en plein air—des cours de canoë, des cours d'escalade, des choses comme ça.

(40 seconds)

(t) One day, you go to school with Marie-Claire. During one class, a doctor comes in to talk to pupils about young people's eating habits.

Question number ten.

What does the doctor say about young people's breakfast habits? Why does she advise against this?

(f) Beaucoup de jeunes quittent la maison le matin sans rien manger. Ce n'est pas une bonne idée parce qu'ils n'ont pas assez d'énergie pour travailler jusqu'à midi.

(40 seconds)

(t) Question number eleven.

What sort of breakfast does the doctor recommend? What advice does she give about mid-morning snacks? Mention **one** thing.

(f) Il faut manger équilibré. Le matin, prenez des céréales avec du lait chaud et une boisson chaude. Si vous avez faim à dix heures, évitez les produits sucrés. A la place, mangez un fruit, qui vous donne des vitamines.

(40 seconds)

(t) Question number twelve.

What have many young people stopped doing at lunchtime? What does the doctor say about eating "fast food"? Mention **one** thing.

(f) A midi, de plus en plus de jeunes abandonnent les cantines des collèges pour aller dans les "fast-foods". Manger dans un "fast-food" de temps en temps ne fait pas de mal—mais pas tous les jours.

(40 seconds)

(t) Question number thirteen.

What is her biggest concern about this type of food? Mention **one** thing.

(f) Les hamburgers et les frites contiennent trop de graisse. Si on ne change pas ces habitudes, à l'avenir on aura beaucoup de gens avec des problèmes de santé très sérieux.

(40 seconds)

(t) End of test.

You now have 5 minutes to look over your answers.

[END OF TRANSCRIPT]

1997
WEDNESDAY, 21 MAY
3.05 PM – 3.35 PM
(APPROX.)

FRENCH
STANDARD GRADE
Credit Level
Listening

Instructions to the Candidate

When you are told to do so, open your paper.

You will hear a number of short items in French. You will hear each item twice, then you will have time to write your answer.

Write your answers, **in English**, in the **separate** answer book provided.

You may take notes as you are listening to the French, but only in your answer book.

You may **not** use a French dictionary.

You are not allowed to leave the examination room until the end of the test.

Marks

You are staying at the home of your French pen pal, Marie-Claire. One day, she talks about how she gets on with her parents.

Tu loges chez ta correspondante française, Marie-Claire. Un jour, elle te raconte comment elle s'entend avec ses parents.

1. Marie-Claire sometimes has arguments with her parents.

    (a) What do they say? **(1)**

    (b) Why does she think this is unfair? **(2)**

    * * * * *

One evening, Marie-Claire and her father are talking about their summer holiday.

2. Her father wants to go to Brittany. Why? Give **two** reasons. **(2)**

    * * * * *

3. Why does Marie-Claire not like Brittany? Give **two** reasons. **(2)**

    * * * * *

4. What does she expect from a holiday? Mention **three** things. **(3)**

    * * * * *

Marks

5. Why can they not afford to go abroad? **(1)**

* * * * *

6. Her father suggests going to Nice. How will they be able to afford this? **(1)**

* * * * *

7. Her father wants to take the train this year. Why? Mention **one** thing. **(1)**

* * * * *

8. Her father gives **two** more reasons for not travelling by car. What are they? **(2)**

* * * * *

9. Marie-Claire tells you about her favourite holiday.

What made it so enjoyable for her? Mention any **two** things. **(2)**

* * * * *

One day, you go to school with Marie-Claire. During one class, a doctor comes in to talk to pupils about young people's eating habits.

10. (*a*) What does the doctor say about young people's breakfast habits? **(1)**

(*b*) Why does she advise against this? **(1)**

* * * * *

11. (*a*) What sort of breakfast does the doctor recommend? **(2)**

(*b*) What advice does she give about mid-morning snacks? Mention **one** thing. **(1)**

* * * * *

12. (*a*) What have many young people stopped doing at lunchtime? **(1)**

(*b*) What does the doctor say about eating "fast food"? Mention **one** thing. **(1)**

* * * * *

13. What is her biggest concern about this type of food? Mention **one** thing. **(1)**

* * * * *

Total **(25)**

[*END OF QUESTION PAPER*]

1997
THURSDAY, 22 MAY
2.05 PM – 3.05 PM

FRENCH
STANDARD GRADE
Credit Level
(Optional Paper)
Writing

Some young French people have written to a magazine with their views on holidays.

"J'aime bien partir à l'étranger car ça permet de découvrir une autre culture et des gens différents. En particulier, j'adore voyager en Europe. Et aujourd'hui, ce n'est pas cher de voyager en Europe."

Bernard, 16 ans

"Moi, j'aime passer mes vacances dans les pays chauds car j'aime le soleil. J'adore me faire bronzer et aller à la plage. C'est agréable de se promener le soir sans avoir à porter un pullover."

Laure, 15 ans

"J'ai fait un très bon voyage scolaire quand j'avais 13 ans. J'ai passé une semaine à la montagne avec ma classe. Dans la journée nous faisions du ski, et le soir, des jeux."

Georges, 14 ans

"Moi, de toute façon, je préfère partir en vacances avec mes copains. C'est vrai, avec mes parents, je ne peux jamais faire ce que je veux. Avec mes copains, je sors en boîte et je me couche à l'heure qui me plaît."

Nicole, 16 ans

"Quand je quitterai le collège, j'aimerais attendre un an avant de chercher un emploi. J'ai l'intention de mettre toutes mes affaires dans un sac à dos et de prendre la route pour voyager en Afrique."

François, 15 ans

Now that you have read these people's thoughts on holidays, write about your own views.

Here are some questions you may wish to consider. You do not have to use all of them, and you are free to include other relevant ideas.

- Do you generally go away on holiday?
- Do you prefer holidays with your family or with friends?
- What do you think of school trips?
- What sort of holiday do you prefer?
- Have you had any particularly memorable holidays?
- What are your plans for this summer?
- Where would you most like to go on holiday and why?

Write about 200 words in **French**.

You may use a French dictionary.

[END OF QUESTION PAPER]

1998
TUESDAY, 19 MAY
10.15 AM – 11.15 AM

FRENCH
STANDARD GRADE
Credit Level
Reading

Instructions to the Candidate

When you are told to do so, open your paper and write your answers **in English** in the **separate** answer book provided.

You may use a French dictionary.

1. In a French magazine, you read this article about security in French cities.

   ### Sécurité renforcée dans les villes françaises

   L'année dernière, on a vu plusieurs attentats terroristes dans les villes françaises—notamment la bombe qui a explosé au mois d'octobre à la sortie d'une station de métro à Paris et qui a fait deux morts. En plus, les incidents violents sont en hausse à l'intérieur des écoles.

   Donc, le gouvernement a lancé le Plan Vigipirate. Il est interdit de stationner devant les bâtiments publics—par exemple, les gares, les stations de métro, les mairies, les écoles et les lycées. L'entrée de toute personne étrangère dans les mairies et les écoles est strictement contrôlée.

   (a) Why is there a need for increased security in French cities? (1)

   (b) Give details of the incident which happened last October. (2)

   (c) What has the "Plan Vigipirate" done to help things? (2)

2. The article continues.

. . . et dans les établissements scolaires

Quant à la sécurité à l'intérieur des écoles, le ministre de l'Éducation Nationale a pris plusieurs mesures:

- Le jour de la rentrée, les enseignants liront le règlement intérieur et en discuteront avec leurs élèves. Comme ça, tous les lycéens comprendront ce qui est permis et ce qui ne l'est pas.

- Dans les collèges et les lycées, l'autorité des professeurs est renforcée avec la possibilité d'interrompre un cours lorsqu'il y a un problème de violence. Cela permettra la discussion entre professeurs et élèves.

- Les nouveaux enseignants recevront une formation spéciale pour leur apprendre à trouver la meilleure solution face à une situation de violence (comme les bagarres).

- De plus, cette année, 5 000 appelés (des jeunes qui font leur service militaire) se retrouveront dans les collèges et les lycées. Leur travail sera d'éviter les bagarres entre élèves en discutant et en écoutant petits et grands.

(a) In schools, what will happen on the first day of term? **(1)**

(b) What will be done to help new teachers? **(1)**

(c) How are people doing military service going to help? **(2)**

3. You read this article which gives you tips on how to organise your schoolwork.

COMMENT VOUS ORGANISER POUR L'ANNÉE SCOLAIRE

Au début de l'année scolaire, tu t'es promis de bien travailler. Mais c'est plus facile à dire qu'à faire. Voici quelques idées pour t'aider.

- **Du plus facile au plus difficile**

    Le plus dur, c'est de commencer à travailler. Il vaut mieux démarrer par un exercice que tu aimes bien ou une leçon que tu trouves facile. Ensuite, tu pourras faire les devoirs plus difficiles.

- **La bonne dose**

    Dès que tu rentres à la maison, mets-toi au travail tout de suite! Plonge-toi dans tes devoirs pendant quelque temps. Ensuite, accorde-toi une demi-heure de détente; prends un bain ou regarde la télévision ou téléphone à un copain. Puis, reprends ton travail.

- **Fixe-toi des objectifs!**

    Inutile de prendre de grandes résolutions que tu ne pourras pas tenir. Mieux vaut te fixer de petits objectifs, jour après jour, semaine après semaine. Par exemple, décide de travailler régulièrement tous les jours et d'augmenter tes notes petit à petit; n'essaie pas d'être le premier de la classe!

- **. . . et le bilan?**

    Si tu travailles bien et obtiens de bonnes notes, tu pourras négocier avec tes parents quand tu voudras regarder un film à la télévision ou sortir avec tes copains.

(a) It is hard to get down to work. How can you make it easier? **(1)**

(b) How should you organise your evening? **(3)**

(c) What are you told about setting targets for yourself? **(2)**

(d) What benefits could there be for you if you get good marks? **(2)**

4. This article is about a highly successful French woman cyclist, known as "La Petite Reine".

> ### La "Petite Reine" Jeannie Longo
> ### Le plus beau palmarès du sport français
>
> 32 fois championne de France, 10 fois championne du monde, médaillée d'or et d'argent aux Jeux d'Atlanta. Comment fait Jeannie Longo pour tout gagner? Elle est la plus douée et la plus travailleuse des cyclistes. À chaque concours, elle participe aux deux épreuves qui existent sur route: la course "en ligne" et le "contre-la-montre". Sur piste, elle détient aussi le record du monde de vitesse.
>
> **En ligne ou contre-la-montre?**
> Dans la course "en ligne", toutes les concurrentes partent ensemble. Aux Jeux Olympiques, Jeannie a franchi la ligne d'arrivée en tête. Dans le "contre-la-montre", elles partent les unes après les autres, toutes les 2 minutes pour ne pas se gêner. À l'arrivée, on calcule les temps. À Atlanta, une jeune Russe de 23 ans a été plus rapide que la Française. Médaille d'or pour elle, d'argent pour Jeannie.
>
> **"Mes poules et mes légumes"**
> Le secret de Jeannie, c'est peut-être ce qu'elle mange. Dans son chalet près de Grenoble, elle élève trois poules pondeuses (Cachou, Frétille et Négrita). Dans son jardin elle cultive des haricots, des artichauts et des betteraves entre d'autres. "Tout le monde se moque de mon alimentation, mais elle est très saine, car je peux manger les œufs de mes poules et je fais des soupes avec mes légumes.
>
> **"Mon entraînement"**
> Mais le régime ne fait pas tout, il faut d'abord s'entraîner. Jeannie parcourt toute l'année, même l'hiver, des milliers de kilomètres, parfois en VTT*. Elle travaille aussi chez elle: "Je travaille beaucoup ma puissance en faisant de l'haltérophilie. L'hiver dernier, j'ai pris deux bons kilos de muscles..."

*vélo tout-terrain

Marks

(a) Give details of Jeannie Longo's success at the Atlanta Olympic games. **(1)**

(b) Why is she such a successful cyclist? **(2)**

(c) Explain the differences between the "En ligne" and "Contre-la-montre" road races. **(2)**

(d) How does she make sure that the food she eats is healthy? **(2)**

(e) What does she do to stay in peak condition? **(2)**

Total (26)

[*END OF QUESTION PAPER*]

	FRENCH
1998	**STANDARD GRADE**
TUESDAY, 19 MAY	
1.00 PM – 1.30 PM	Credit Level
(APPROX.)	Listening Transcript

Transcript—Credit Level

> **Instructions to reader(s):**
>
> For each item, read the English **once,** then read the French **twice,** with an interval of 7 seconds between the two readings. On completion of the second reading, pause for the length of time indicated in brackets after each item, to allow the candidates to write their answers.
>
> Where special arrangements have been agreed in advance to allow the reading of the material, those sections marked **(f)** should be read by a female speaker and those marked **(m)** by a male: those sections marked **(t)** should be read by the teacher.

(t) You are staying with your French pen pal, Marianne, who lives near Paris.

Marianne is talking to her father about going into the city centre to show you the famous monuments.

(f) or (m)   **Vous passez des vacances chez votre correspondante française, Marianne, qui habite près de Paris.**

Marianne et son père parlent de visiter les monuments au centre de Paris.

(t) Question number one.

According to Marianne's father, what is the difficulty about driving in Paris? What example of this does he give?

(m)   **Il est difficile de rouler à Paris maintenant. Tu sais, il y a tant de voitures. Quelquefois, en rentrant du bureau, il me faut une heure pour faire un kilomètre.**

(40 seconds)

(t) Question number two.

Why are things a little easier in August? What is often the problem at that time of year?

(m)   **Mais, au mois d'août, tous les Parisiens partent en vacances, et il y a de la place sur les routes. Le seul inconvénient, c'est qu'il fait souvent très chaud entre midi et trois heures. Par conséquent, il est impossible de sortir en voiture.**

(40 seconds)

(t) Question number three.

Marianne's father suggests that you take the train to the centre of Paris.

In his opinion, what are the advantages of travelling in this way? Mention **three** things.

(m)   **Ce n'est pas la peine de prendre la voiture. Avec le train, nous arriverons au centre de Paris dans vingt minutes. Puis, nous pourrons prendre le Métro pour visiter les monuments. Comme ça, pas besoin de chercher un parking.**

(40 seconds)

(t) Question number four.

Why does Marianne think the Métro is dangerous? What happened to her friend, Anne-Louise, last year?

(f) Oui, Papa, mais le Métro est dangereux! Il y a parfois des actes de terrorisme dans les stations. Et puis, l'année dernière, on a volé un sac à ma copine, Anne-Louise.

(40 seconds)

(t) Question number five.

What advice does Marianne's father give about travelling safely by Métro?

(m) C'est vrai qu'il peut être dangereux. Mais les actes de terrorisme sont rares. Il n'y a pas de problème si on ne voyage pas entre quatre heures et six heures de l'après-midi, et si on est accompagné. La plupart des victimes de vols voyagent seules.

(40 seconds)

(t) Question number six.

One evening you are listening to the radio. A young star of French cinema is being interviewed.

What did she do from the age of 8? What happened when she was fifteen? Why?

(f) J'ai toujours voulu être actrice, même quand j'étais toute petite. A l'âge de 8 ans déjà, je jouais régulièrement dans des pièces de théâtre à l'école. A l'âge de 15 ans, mes parents ont décidé de déménager à Paris pour me donner toutes les chances de réussir.

(40 seconds)

(t) Question number seven.

She continues.

What made it difficult to break into the profession? What sort of work did she finally get?

(f) Au début, j'ai eu beaucoup de difficultés à trouver du travail. Il y a énormément de jeunes qui voudraient entrer dans cette profession et très peu de rôles pour les personnes de mon âge. Heureusement, après quelques mois, j'ai obtenu de petits rôles dans des séries télévisées.

(40 seconds)

(t) Question number eight.

She talks about how she was picked to be the star in a French film about a young ballet dancer.

Explain what was involved in the selection process. Why was she chosen?

(f) J'ai d'abord participé à un casting de 500 filles. Ensuite, on a choisi dix d'entre nous pour rencontrer le producteur. Finalement, j'ai réussi à être sélectionnée parce que j'étais la plus athlétique et donc la plus capable d'apprendre la danse classique.

(40 seconds)

(t) Question number nine.

What does she say about her private life? Mention any **two** things.

(f)   **Mon succès n'a rien changé. Je connais mon petit ami depuis deux ans et mes copines sont toujours les mêmes.**

(*40 seconds*)

(t) Question number ten.

What does she tell us about her situation at the moment?

(f)   **J'ai terminé l'école et je désire rester dans le cinéma, même si c'est quelquefois difficile. Pour le moment, l'argent n'est pas un problème, donc je ne dois pas chercher mon prochain rôle immédiatement.**

(*40 seconds*)

(t) End of test.

You now have 5 minutes to look over your answers.

[*END OF TRANSCRIPT*]

1998
TUESDAY, 19 MAY
1.00 PM – 1.30 PM
(APPROX.)

FRENCH
STANDARD GRADE
Credit Level
Listening

Instructions to the Candidate

When you are told to do so, open your paper.

You will hear a number of short items in French. You will hear each item twice, then you will have time to write your answer.

Write your answers, **in English**, in the **separate** answer book provided.

You may take notes as you are listening to the French, but only in your answer book.

You may **not** use a French dictionary.

You are not allowed to leave the examination room until the end of the test.

1998

Marks

You are staying with your French pen pal, Marianne, who lives near Paris.

Marianne is talking to her father about going into the city centre to show you the famous monuments.

Vous passez des vacances chez votre correspondante française, Marianne, qui habite près de Paris.

Marianne et son père parlent de visiter les monuments au centre de Paris.

1. (*a*) According to Marianne's father, what is the difficulty about driving in Paris? (1)

    (*b*) What example of this does he give? (1)

    * * * * *

2. (*a*) Why are things a little easier in August? (1)

    (*b*) What is often the problem at that time of year? (1)

    * * * * *

3. Marianne's father suggests that you take the train to the centre of Paris.

    In his opinion, what are the advantages of travelling in this way? Mention **three** things. (3)

    * * * * *

4. (*a*) Why does Marianne think the Métro is dangerous? (1)

    (*b*) What happened to her friend, Anne-Louise, last year? (1)

    * * * * *

5. What advice does Marianne's father give about travelling safely by Métro? (2)

    * * * * *

6. One evening you are listening to the radio. A young star of French cinema is being interviewed.

    (*a*) What did she do from the age of 8? (1)

    (*b*) What happened when she was fifteen? Why? (2)

    * * * * *

7. She continues.

    (*a*) What made it difficult to break into the profession? (2)

    (*b*) What sort of work did she finally get? (1)

    * * * * *

Marks

8. She talks about how she was picked to be the star in a French film about a young ballet dancer.

   (a) Explain what was involved in the selection process. **(2)**

   (b) Why was she chosen? **(1)**

   * * * * *

9. What does she say about her private life? Mention any **two** things. **(2)**

   * * * * *

10. What does she tell us about her situation at the moment? **(3)**

    * * * * *

    Total (25)

[*END OF QUESTION PAPER*]

1998
TUESDAY, 19 MAY
2.50 PM – 3.50 PM

**FRENCH
STANDARD GRADE**
Credit Level
(Optional Paper)
Writing

Several French teenagers comment about their home area.

J'habite dans une ville au centre de la France. Il y a deux cinémas, pas mal de jardins publics, un grand centre sportif, et aussi beaucoup de magasins. Que demander de plus?

Marcel, 15 ans

Je ne supporte pas de vivre dans un appartement. Mon quartier est bien trop bruyant et animé, l'atmosphère est polluée et les gens sont tout le temps pressés et stressés.

Nadine, 15 ans

Mes parents ont décidé d'habiter à la campagne. Mais je vais au collège dans la ville d'à côté. Après l'école, je dois prendre le bus au lieu de rester avec mes copains. Le week-end, je ne peux pas sortir souvent. C'est pas la joie!

Jérôme, 16 ans

J'ai déménagé à Paris il y a cinq ans. Avant, j'habitais dans une petite ville. Je n'arrive pas à m'habituer à Paris. Je n'ai pas beaucoup d'amis. Mes parents ne me laissent pas sortir seule. Ils pensent que c'est trop dangereux. C'est pénible!

Claire, 16 ans

J'aimerais bien habiter en ville. J'apprécie l'anonymat qu'offre une grande ville. Il y a aussi beaucoup de choses à faire et à voir dans une ville: cinémas, musées, expos, théâtres, opéras, concerts. On peut sans cesse découvrir de nouveaux endroits.

Félix, 15 ans

Now that you have read these people's thoughts on where they live, give your own opinions about where you live.

Here are some questions you may wish to consider. You do not have to use all of them, and you are free to include other relevant ideas.

- Where do you live?
- What is your town/village/area like?
- What do you like/dislike about where you live?
- What is there to do?
- How do you spend your time there?
- Have you ever lived anywhere else?
- Where would you most like to live?

Write about 200 words in **French**.

You may use a French dictionary.

[END OF QUESTION PAPER]

1999
TUESDAY, 18 MAY
10.25 AM – 11.25 AM

FRENCH
STANDARD GRADE
Credit Level
Reading

Instructions to the Candidate

When you are told to do so, open your paper and write your answers **in English** in the **separate** answer book provided.

You may use a French dictionary.

Marks

Your French pen friend has sent you a magazine.

1. You read this article about poverty.

Lutter contre la Pauvreté

Où sont les pays pauvres?

Partout dans le monde, il y a des pays pauvres. Par exemple, la république d'Haïti, le Mali en Afrique, ou le Bengladesh en Asie. Sur Terre, une personne sur cinq n'a pas d'eau potable à boire. Un être humain sur huit ne mange pas suffisamment et ne peut pas être soigné quand il est malade. Et un enfant sur trois ne peut pas aller à l'école.

Y a-t-il des pauvres en France?

Même dans les pays riches, comme la France, il y a des pauvres. Un français sur vingt vit dans une grande pauvreté. Et certains enfants de France n'ont qu'un seul repas par jour: celui de la cantine. Ces enfants manquent de vitamines et ils attrapent des maladies.

Qui sont les pauvres, comment les aider?

«Ils passent leur journée dans le métro. On les appelle les SDF (sans domicile fixe). C'est pas génial. Alors on pourrait leur envoyer des sous ou des médicaments.»

Laurence, 9 ans

«Ce sont les gens qui sont au chômage, c'est-à-dire sans boulot. C'est pas juste. Ils manquent d'amitié, alors on devrait leur parler, essayer de les comprendre.»

Charles, 9 ans

(a) The first part of the article gives examples of poverty throughout the world. Give details of **two** of these examples. **(2)**

(b) A number of children in France also live in poverty.

   (i) What example is given of this? **(1)**

   (ii) How does this affect their health? **(2)**

(c) **Who** are the poor and **how** can they be helped

   (i) according to Laurence? **(2)**

   (ii) according to Charles? **(2)**

2. This article is about a young man who is training to be an acrobatic horse-rider.

Schantih

Schantih vient d'avoir dix-huit ans. Son prénom est indien et signifie "paix", mais, né à Paris, son père est hollandais et sa mère est française. Il travaille avec la fameuse troupe de cirque équestre, le Zingaro. Ainsi, il réalise son grand rêve—vivre avec les chevaux.

Sa passion pour les chevaux a commencé lorsque sa mère, qui est professeur de danse, a décidé de créer un spectacle avec danseurs et chevaux. Shantih a rencontré Joss—voltigeur* dans le spectacle. Joss lui a appris comment faire de la voltige à cheval et désormais Schantih avait une idée fixe: rentrer à l'école de cirque de Châlons-sur-Marne pour devenir voltigeur à cheval.

L'école de Cirque de Châlons est très réputée: elle dure quatre ans. Les deux premières années, on y apprend les techniques de base du cirque comme par exemple la danse, l'acrobatie ou le jonglage. Les deux années suivantes, les élèves choisissent la discipline qui leur plaît. Schantih avait opté pour la voltige à cheval et grâce à son ami, Joss, qui travaille avec cette troupe depuis plusieurs années, il peut effectuer ses deux années de spécialisation au Zingaro.

Schantih est le plus jeune voltigeur du Zingaro. Il travaille chaque numéro pendant des mois. Tout est calculé au millimètre. On le voit debout en équilibre parfait sur son cheval, les bras ouverts vers le public. Jamais il ne glisse ou tombe.

Mais ce n'est pas du cirque. Ici, pas de dompteur . . . Les chevaux sont rois. Eux aussi, ce sont des acteurs avec leur propre personnalité. Ceux qui connaissent les chevaux savent que la complicité entre l'homme et le cheval doit être parfaite pour obtenir un bon travail.

*un voltigeur—an acrobat on horseback

(a) How did Schantih's love of horses begin? **(1)**

(b) He decided to become an acrobat on horseback. What rôle did Joss play in this? **(1)**

(c) How are the four years at the École de Cirque divided up? **(2)**

(d) Why was Joss able to get Schantih a placement with the Zingaro? **(1)**

(e) What makes Schantih such a good performer? **(2)**

(f) What quality do these particular horses have? **(1)**

3. You then read about why professional footballers are doing modelling.

Footballeurs modèles

De plus en plus, on voit de jeunes footballeurs célèbres défiler pour les maisons de haute couture françaises et italiennes. Pourquoi?—La raison est très simple: Le sport, et particulièrement le football, tend à devenir un vrai phénomène de société qui touche toutes les classes sociales. Le joueur de foot est le prototype de l'athlète moderne: musclé, élancé et puissant. Les couturiers ont bien reçu ce message et savent profiter du succès de ce sport pour avancer leurs maisons de haute couture.

Et les footballeurs, pourquoi acceptent-ils ces invitations?

Ibou Ba, qui a défilé pour le couturier italien Francesco Smalto, explique: "L'occasion s'est présentée, j'y ai réfléchi et j'ai accepté rapidement. C'est une expérience, un truc à vivre. Ce qui me plaît, c'est d'être le centre du monde. Je trouve l'ambiance dans la salle—les lumières, l'éclat . . . et la flatterie, bien sûr . . . sensationnelle."

Pour Bernard Lama, il est question de s'amuser et de rendre service à la fois. Donc, il a répondu favorablement à l'invitation de Junko Koshino, une créatrice japonaise. Elle déclare: "J'ai rencontré Bernard et je lui ai demandé de défiler pour moi. Son allure, son côté félin m'intéressaient. D'abord, il a ri. Il m'a expliqué qu'il était footballeur et non pas mannequin. Heureusement, j'ai réussi à le convaincre."

Cependant, il y a des exceptions. Habib Sissokho était mannequin avant de devenir footballeur professionnel. "Je jouais à Créteil. Je me baladais aux Champs-Elysées lorsqu'un homme assis à la terrasse d'un café m'a parlé. Je ne le connaissais pas, c'était Paco Rabanne, le célèbre couturier. Il m'a demandé de défiler pour lui et j'ai accepté. J'ai fait pas mal de défilés et bien gagné ma vie, mais à un moment, il a fallu choisir entre la mode et le foot. Je n'ai pas hésité longtemps."

(a) Why do fashion houses invite footballers to model for them? Mention any **two** things. (2)

(b) What does Ibou Ba find exciting about modelling? Mention **two** things. (2)

(c) What does Bernard Lama get out of modelling? (1)

(d) How did he first react when Junko Koshino asked him to model for her? (2)

(e) Habib Sissokho was a model before he became a famous footballer. How did he get his lucky break into modelling? (2)

Total (26)

[END OF QUESTION PAPER]

1999
TUESDAY, 18 MAY
1.30 PM – 2.00 PM
(APPROX.)

FRENCH
STANDARD GRADE
Credit Level
Listening Transcript

Transcript—Credit Level

Instructions to reader(s):

For each item, read the English **once,** then read the French **twice**, with an interval of 7 seconds between the two readings. On completion of the second reading, pause for the length of time indicated in brackets after each item, to allow the candidates to write their answers.

Where special arrangements have been agreed in advance to allow the reading of the material, those sections marked **(f)** should be read by a female speaker and those marked **(m)** by a male: those sections marked **(t)** should be read by the teacher.

(t) A French assistant visits your class to talk about her experiences during her year in Scotland.

(f) or (m)   Une assistante française vient dans ta classe pour raconter ses expériences pendant son année en Ecosse.

(t) Question number one.

   Your teacher asks her why she has come to Scotland.

   Why did she come to Scotland? Give **two** reasons.

(f)   Je suis venue en Ecosse pour faire des progrès en anglais, et je voulais connaître la culture écossaise.

(40 seconds)

(t) Question number two.

   She is asked about her first impressions.

   What impressed her most when she arrived? Mention **one** thing. What did she find difficult to start with?

(f)   J'ai d'abord été impressionnée par les paysages magnifiques et j'ai trouvé les gens vraiment sympa. Mais les premières semaines c'était très difficile de comprendre les élèves.

(40 seconds)

(t) Question number three.

   She tells you how she found somewhere to stay.

   What steps did she take to find her accommodation? Mention **three** things.

(f)   J'ai mis des petites annonces dans les journaux et j'ai regardé les annonces affichées dans les magasins. Ensuite, j'ai visité beaucoup d'appartements partout dans la ville.

(40 seconds)

(t) Question number four.

She talks about the flat she has found.

What does she say? Mention any **three** things. How much rent does she pay?

(f) Finalement, j'ai réussi à trouver un appartement que je partage avec une co-locataire qui est professeur. L'appartement se trouve dans le vieux quartier de la ville. J'ai une chambre à moi et je me sens à l'aise dans l'appartement. Le loyer est de 45 livres par semaine. C'est cher mais tout est compris.

(40 seconds)

(t) Question number five.

She is asked about her flat mate.

Why do they not spend much time together? Mention any **three** things.

(f) Nous nous voyons peu. Nous sommes toutes les deux très occupées et nous n'avons ni les mêmes passe-temps ni les mêmes habitudes. Je suis rarement là sauf le week-end pendant la journée. Mais parfois nous allons au cinéma ensemble et nous nous entendons assez bien. Il n'y a jamais de dispute entre nous.

(40 seconds)

(t) Question number six.

She explains what she does in her leisure time.

How does she spend her time? Mention any **two** things.

(f) Deux fois par semaine, je donne des cours particuliers en français. Quelquefois, je vais au pub avec des amis, et j'apprends les danses folkloriques écossaises. Le week-end, j'aime aussi faire des randonnées en montagne.

(40 seconds)

(t) Question number seven.

She talks about her experiences in school.

What comments does she make about Scottish pupils? Mention any **two** things.

(f) Selon moi, la plupart des élèves sont assez sages en classe. En plus, ils font beaucoup d'efforts pour apprendre le français. Mais j'ai aussi remarqué qu'ils n'ont pas l'habitude de se concentrer sur une matière pendant une heure entière, c'est-à-dire toute la leçon.

(40 seconds)

(t) Question number eight.

She compares schools in France with schools in Scotland.

Why does she prefer the Scottish school system? Mention any **three** things.

(f) Je préfère le système écossais parce que les journées sont moins longues. En France, on commence à 8h. et on finit à 5h, en général. Je trouve que l'école en France est quelquefois très dure. En Ecosse, les profs sont plus attentifs, plus prêts à aider les élèves en difficulté. Et les élèves ont plus de choix dans leurs études.

(40 seconds)

(t) Question number nine.

She is asked if she misses France.

Why does she miss French meal times? Mention **two** things.

(f) La France ne me manque pas particulièrement, mais je trouve la nourriture écossaise vraiment affreuse. Il y a une grande différence entre les repas français et écossais. En France, nous prenons le temps de bien manger parce que c'est bon pour la digestion.

(40 seconds)

(t) Question number ten.

She tells us what she will do next.

What does she plan to do when she returns to France?

What does she consider to be important in life? Mention **one** thing.

(f) Après mon année en Ecosse, je rentrerai en France pour continuer mes études. Ce qui est important pour moi dans la vie, c'est d'avoir un travail stable mais aussi d'être heureuse.

(40 seconds)

(t) End of test.

You now have 5 minutes to look over your answers.

[*END OF TRANSCRIPT*]

1999
TUESDAY, 18 MAY
1.30 PM – 2.00 PM
(APPROX.)

FRENCH
STANDARD GRADE
Credit Level
Listening

Instructions to the Candidate

When you are told to do so, open your paper.

You will hear a number of short items in French. You will hear each item twice, then you will have time to write your answer.

Write your answers, **in English**, in the **separate** answer book provided.

You may take notes as you are listening to the French, but only in your answer book.

You may **not** use a French dictionary.

You are not allowed to leave the examination room until the end of the test.

Marks

A French assistant visits your class to talk about her experiences during her year in Scotland.

Une assistante française vient dans ta classe pour raconter ses expériences pendant son année en Ecosse.

1. Your teacher asks her why she has come to Scotland.

    Why did she come to Scotland? Give **two** reasons. **(2)**

    * * * * *

2. She is asked about her first impressions.

    (*a*) What impressed her most when she arrived? Mention **one** thing. **(1)**

    (*b*) What did she find difficult to start with? **(1)**

    * * * * *

3. She tells you how she found somewhere to stay.

    What steps did she take to find her accommodation? Mention **three** things. **(3)**

    * * * * *

4. She talks about the flat she has found.

    (*a*) What does she say? Mention any **three** things. **(3)**

    (*b*) How much rent does she pay? **(1)**

    * * * * *

5. She is asked about her flat mate.

    Why do they not spend much time together? Mention any **three** things. **(3)**

    * * * * *

6. She explains what she does in her leisure time.

    How does she spend her time? Mention any **two** things. **(2)**

    * * * * *

7. She talks about her experiences in school.

    What comments does she make about Scottish pupils? Mention any **two** things. **(2)**

    * * * * *

Marks

8. She compares schools in France with schools in Scotland.

   Why does she prefer the Scottish school system? Mention any **three** things. **(3)**

   * * * * *

9. She is asked if she misses France.

   Why does she miss French meal times? Mention **two** things. **(2)**

   * * * * *

10. She tells us what she will do next.
    (*a*) What does she plan to do when she returns to France? **(1)**
    (*b*) What does she consider to be important in life? Mention **one** thing. **(1)**

    * * * * *

Total (25)

[*END OF QUESTION PAPER*]

1999
WEDNESDAY, 19 MAY
2.55 PM – 3.55 PM

FRENCH
STANDARD GRADE
Credit Level
(Optional Paper)
Writing

Some young French people talk about their experience of work so far and their future plans.

J'aide mes parents chez moi. Après le dîner, je fais la vaisselle, et je fais parfois la cuisine et le ménage. De temps en temps, je vais chez ma voisine, qui est malade. Je lui fais ses courses.

Blandine, 14 ans

Samedi après-midi, je vais travailler au café du coin pour me faire de l'argent de poche. Je suis serveuse. J'aime cela car je rencontre beaucoup de personnes.

Céline, 16 ans

Plus tard, j'espère être vétérinaire. C'est un métier très bien payé. Je sais que c'est une profession très difficile et que je devrai avoir de très bonnes notes. Mais je suis fort en biologie et j'aime bien les animaux. Je crois que j'y réussirai.

Christophe, 16 ans

Mes parents ne veulent pas que je travaille. Ils pensent que je devrais mieux faire mes devoirs pour avoir de bonnes notes au collège.

Nathalie, 15 ans

Je trouve que c'est important de gagner de l'argent quand on est jeune. J'ai besoin d'argent de poche pour m'acheter des vêtements ou des CD et pour être plus indépendant de mes parents.

Julien, 15 ans

Au mois d'octobre, j'ai fait un stage pendant trois jours à la gare. J'étais au guichet et j'ai vendu des billets aux voyageurs. C'était chouette. Quand je suis revenu au collège, j'ai écrit un rapport de stage.

Alain, 15 ans

Now that you have read what these young people say, write about your own experiences and views.

Here are some questions you may wish to consider. You do not have to use all of them, and you are free to include other relevant ideas.

- Do you help your parents or your neighbours around the house?
- Do you get paid for doing this?
- Do you have a part-time job?
- Should young people work while still at school?
- Is work experience a good idea?
- Is it important to you to be able to earn money of your own?
- What do you do with the money you get?
- What would you like to do after you leave school?

Write about 200 words in **French**.

You may use a French dictionary.

[END OF QUESTION PAPER]

NATIONAL QUALIFICATIONS 2000

FRIDAY, 19 MAY 10.25 AM – 11.25 AM

FRENCH
STANDARD GRADE
Credit Level
Reading

Instructions to the Candidate

When you are told to do so, open your paper and write your answers **in English** in the **separate** answer book provided.

You may use a French dictionary.

1. In a magazine you read an article about the town of Dreux.

> ### À minuit, au lit!
>
> À minuit, on doit rentrer se coucher! C'est ce qu'a décidé Gérard Hamel, le maire de Dreux, pour les enfants de moins de douze ans.
>
> Pendant tout l'été, les moins de douze ans n'ont pas le droit d'être dans la rue, entre minuit et six heures du matin, s'ils ne sont pas accompagnés d'un adulte. C'est pour protéger les jeunes enfants de tous les dangers de la rue, la nuit, explique le maire. Mais il ne veut pas arrêter là. A l'automne, il voudrait priver les parents de leurs *aides sociales s'ils ne surveillent pas leurs enfants.
>
> Dreux est une ville qui est très touchée par le chômage. On connaît des problèmes comme les vols et les agressions. Mais interdire aux plus jeunes d'être dans la rue après minuit, est-ce que cela sera une solution? Pourquoi ne pas donner à tous les habitants de Dreux l'espoir du bonheur et du travail?
>
> *aides sociales—social security payments.

(a) The mayor of Dreux has decided to introduce a curfew for children. Give any **three** details of this scheme.   3

(b) Why has he decided to take this action?   1

(c) How does he intend to penalise parents who do not supervise their children?   1

(d) Mention any **two** social problems which exist in Dreux.   2

(e) The author suggests another solution to the problems of Dreux. What does she suggest?   1

2. You then read an article about Brazil.

> **Grande manifestation**
>
> Jeudi neuf octobre, à Brasilia, la capitale du Brésil, mille enfants ont manifesté dans les rues. Ils demandent l'interdiction du travail aux enfants de moins de seize ans. Ils veulent avoir le droit d'aller à l'école.
>
> Le Brésil est un pays avec beaucoup de richesses dans son sol, comme le pétrole ou le charbon, mais il n'y a qu'un petit groupe de personnes qui sont très riches. La plupart des Brésiliens sont très pauvres. Ils vivent avec moins de quatre cents francs par mois. Cette misère touche aussi les enfants. Beaucoup d'enfants sont obligés de travailler pour aider leur famille. Aujourd'hui, il y a 3,8 millions d'enfants âgés de cinq à quatorze ans qui travaillent au Brésil. Plus de la moitié de ces enfants travaillent dans des plantations de canne à sucre. D'autres travaillent dans des mines d'argent ou des usines.
>
> Parfois, les enfants sont même abandonnés et ils doivent se débrouiller seuls. C'est ainsi que des milliers d'enfants vendent de la drogue pour pouvoir survivre.
>
> Cependant, le travail des enfants de moins de quatorze ans est déjà interdit par la loi au Brésil. En Norvège, il y aura une conférence internationale. On parlera de la vie des enfants dans le monde et on encouragera les pays à tout faire pour protéger les enfants comme ceux du Brésil.

		Marks
(a)	What event took place in Brasilia on 9th October?	1
(b)	Why did this event take place? Give **two** reasons.	2
(c)	What are we told about the extent of poverty in Brazil today? Mention any **two** things.	2
(d)	Mention any **two** types of work done by children.	2
(e)	What do thousands of children have to do in order to survive?	1
(f)	What will happen at the international conference in Norway?	2

3. An unusual article about garden gnomes catches your eye.

Les voleurs de nains vont être jugés

Une partie des nains retrouvés par les gendarmes. (AFP)

Récemment, des nains de jardin ont disparu mystérieusement des pelouses dans beaucoup de régions de France. Quatre voleurs ont été arrêtés.

Le FLNJ (Front de Libération des Nains de Jardin) existe depuis quelques mois. Ses membres font des farces bizarres. Ils volent des nains qui décorent les pelouses, puis ils les mettent dans les bois ou les forêts. Ils pensent que les nains sont beaucoup plus heureux dans la nature que dans les jardins! Voilà pourquoi des groupes de nains sont trouvés de temps en temps en forêt. La police les rend souvent à leurs propriétaires.

(a) What has been happening recently to garden gnomes in France? **1**

(b) What exactly do members of the FLNJ do with the garden gnomes? **1**

(c) Why do they do this? **1**

4. The article continues.

> La semaine dernière, la police a arrêté les voleurs de nains à Béthune dans le nord de la France. Ces voleurs, Sébastien, Ludovic, Frédéric et Cédric étaient en train de transporter leurs nains volés sur le siège arrière de leur voiture . . . ils n'avaient même pas essayé de les cacher dans le coffre!
>
> Maintenant, ils vont être jugés. C'est un crime assez sérieux parce que certains des nains volés coûtaient plusieurs centaines de francs la pièce. Les voleurs devront probablement payer une grosse amende ou faire de la prison.

(a) Why were Sébastien and his friends so easily caught by the police? Mention **two** things. — 2

(b) Why is their crime considered to be fairly serious? — 1

(c) What **two** possible punishments could Sébastien and his friends expect? — 2

Total (26)

[*END OF QUESTION PAPER*]

NATIONAL
QUALIFICATIONS
2000

FRIDAY, 19 MAY
1.30 PM – 2.00 PM
(APPROX.)

FRENCH
STANDARD GRADE
Credit Level
Listening Transcript

This paper must not be seen by any candidate.

The material overleaf is provided for use in an emergency only (eg the tape or equipment proving faulty) or where permission has been given in advance by SQA for the material to be read to candidates with special needs. The material must be read exactly as printed.

Transcript—Credit Level

> **Instructions to reader(s):**
>
> For each item, read the English **once,** then read the French **three times**, with an interval of 5 seconds between the readings. On completion of the third reading, pause for the length of time indicated in brackets after each item, to allow the candidates to write their answers.
>
> Where special arrangements have been agreed in advance to allow the reading of the material, those sections marked **(f)** should be read by a female speaker and those marked **(m)** by a male: those sections marked **(t)** should be read by the teacher.

(t) You are staying with your pen friend Michel. His sister and grandparents arrive to celebrate Michel's mother's birthday.

(f) or (m) **Vous logez chez votre correspondant Michel. Sa soeur et ses grands-parents arrivent pour fêter l'anniversaire de la mère de Michel.**

(t) Question number one.

You're a bit nervous about meeting his family for the first time.

What does Michel say to reassure you?

(m) **Ne t'inquiète pas. Ma soeur Linette est très sympa; mes grands-parents ont visité l'Écosse il y a quelques années, et ils adorent ton pays.**

(40 seconds)

(t) Question number two.

Linette is an air hostess. You ask her about her job.

Why does she like her job? Give any **two** reasons.

(f) **Je suis hôtesse de l'air depuis quatre ans maintenant, et j'adore ça! Je trouve que c'est un métier passionnant parce qu'on est toujours en contact avec beaucoup de gens, et aussi, ce qui m'attire dans ce métier, eh bien, ce sont les voyages.**

(40 seconds)

(t) Question number three.

She tells you about her duties.

What does she say? Mention any **two** things.

(f) **Je dois accueillir les passagers à bord de l'avion et les aider avec leurs petits problèmes. En plus, je dois servir les repas pendant le vol.**

(40 seconds)

(t) Question number four.

She talks about what makes a good air hostess.

What does she say? Mention **three** things.

(f) Eh bien, à mon avis, une bonne hôtesse de l'air doit avoir beaucoup de patience. Elle doit aussi être toujours élégante, et il faut parler une langue étrangère au minimum.

(40 seconds)

(t) Question number five.

There are some disadvantages in her job.

What are they? Mention any **three** things.

(f) Eh bien, quelquefois je trouve les longs voyages très fatigants. En plus, je n'ai pas beaucoup de temps libre parce que je dois travailler trois semaines sur quatre, donc je ne vois pas souvent ma famille et mes amis.

(40 seconds)

(t) Question number six.

You have brought a tartan rug for Michel's mother's birthday.

What does she say about your present? Mention **two** things.

(f) Ah, une couverture écossaise! Elle est très belle! Toutes ces jolies couleurs! Elle sera parfaite pour les pique-niques. Merci beaucoup!

(40 seconds)

(t) Question number seven.

What does Michel suggest you do the next morning?

Mention **three** things.

(m) Demain matin, je t'emmène à la banque pour changer ton argent en francs français, et puis tu pourrais acheter des cadeaux pour ta famille et tes copains; et tu as des cartes postales que tu voulais mettre à la poste, n'est-ce pas?

(40 seconds)

(t) Question number eight.

What does he suggest you do after that?

Mention **three** things.

(m) Et après ça? Il y a tant de possibilités: je pourrais te montrer mon collège, ou on pourrait faire une promenade en vélo à la campagne, ou bien, si tu préfères, on visitera le vieux quartier de la ville. Qu'est-ce que tu voudrais faire, toi?

(40 seconds)

(t) Question number nine.

Michel's mother has other ideas.

What does she suggest? Mention **two** things.

(f) **Pourquoi pas faire du bateau sur le lac et explorer la petite île qui se trouve au milieu?**

(40 seconds)

(t) Question number ten.

Michel talks about the advantages and disadvantages of living in the country.

Mention **two** advantages.

Mention **one** disadvantage.

(m) **J'adore vivre ici. C'est bien pour les jeunes et il n'y a pas beaucoup de violence. L'air est frais et je me sens libre. Mais après le collège, j'aurai des difficultés à trouver un emploi. Donc, pour avoir un travail, je devrai déménager en ville.**

(40 seconds)

(t) End of test.

Now look over your answers.

[END OF TRANSCRIPT]

NATIONAL QUALIFICATIONS 2000   FRIDAY, 19 MAY 1.30 PM – 2.00 PM (APPROX.)

FRENCH STANDARD GRADE
Credit Level
Listening

Instructions to the Candidate

When you are told to do so, open your paper.

You will hear a number of short items in French. You will hear each item three times, then you will have time to write your answer.

Write your answers, **in English**, in the **separate** answer book provided.

You may take notes as you are listening to the French, but only in your answer book.

You may **not** use a French dictionary.

You are not allowed to leave the examination room until the end of the test.

Marks

You are staying with your pen friend Michel. His sister and grandparents arrive to celebrate Michel's mother's birthday.

Vous logez chez votre correspondant Michel. Sa soeur et ses grands-parents arrivent pour fêter l'anniversaire de la mère de Michel.

1. You're a bit nervous about meeting his family for the first time.

   What does Michel say to reassure you? **2**

   * * * * *

2. Linette is an air hostess. You ask her about her job.

   Why does she like her job? Give any **two** reasons. **2**

   * * * * *

3. She tells you about her duties.

   What does she say? Mention any **two** things. **2**

   * * * * *

4. She talks about what makes a good air hostess. What does she say?
   Mention **three** things. **3**

   * * * * *

Marks

5. There are some disadvantages in her job.

   What are they? Mention any **three** things. 3

   * * * * *

6. You have brought a tartan rug for Michel's mother's birthday.

   What does she say about your present? Mention **two** things. 2

   * * * * *

7. What does Michel suggest you do the next morning?
   Mention **three** things. 3

   * * * * *

8. What does he suggest you do after that?
   Mention **three** things. 3

   * * * * *

9. Michel's mother has other ideas.

   What does she suggest? Mention **two** things. 2

   * * * * *

10. Michel talks about the advantages and disadvantages of living in the country. 2

    (*a*) Mention **two** advantages.

    (*b*) Mention **one** disadvantage. 1

    * * * * *

    Total (25)

[*END OF QUESTION PAPER*]

NATIONAL QUALIFICATIONS 2000

THURSDAY, 25 MAY
2.55 PM – 3.55 PM

FRENCH STANDARD GRADE
Credit Level
(Additional)
Writing

Several French teenagers comment on fashion and money.

A mon avis, suivre la mode coûte trop cher. Pour moi, ce qui est plus important, c'est le confort. De temps en temps, il me faut une paire de chaussures de sport pour le football ou peut-être un T-shirt et c'est tout. Cela me suffit.

Romain, 15 ans

Si je ne fais rien de spécial, j'aime mettre quelque chose de confortable comme un jean et un sweatshirt. Par contre, le soir, si je sors à la disco, j'aime me faire beau.

Youenne, 16 ans

Je m'intéresse à la mode. J'essaie d'acheter mes vêtements dans les soldes. Cela me permet d'acheter des vêtements de marque, qui sont de meilleure qualité. Un jour, j'aimerais devenir mannequin.

Céline, 16 ans

C'est moi qui paie mes vêtements. J'ai un petit boulot le weekend et une fois par mois, je vais dans les boutiques. Mais je dépense mon argent en magazines aussi. En ce moment, j'économise pour payer un voyage scolaire aux Etats Unis.

Anne, 16 ans

Je n'ai pas d'emploi mais j'ai toujours de l'argent. Si je veux gagner un peu d'argent, j'aide mes parents à la maison. Par exemple, mes parents me donnent une certaine somme si je garde ma petite soeur le soir ou si je passe l'aspirateur le weekend.

Aurélie, 15 ans

Now that you have read what these people say about fashion and money, give your own opinions.

Here are some questions you may wish to consider. You do not have to use all of them, and you are free to include other relevant ideas of your own.

- Is fashion important in your opinion?
- What sorts of clothes do you wear for different occasions?
- Where do you shop for your clothes and who pays?
- Do you shop alone or with friends or family?
- What else do you spend your money on?
- How do you get your money?

Write about 200 words in **French**.

You may use a French dictionary.

[END OF QUESTION PAPER]

NOTES

NOTES

Printed by Bell & Bain Ltd., Glasgow, Scotland.